Kunstvoller Makramee-Schmuck

Jacqueline Sommer

Kunstvoller Makramee-Schmuck

Wunderschöne Designs für
Armbänder, Ketten, Ohrringe, Ringe und Fußkettchen

mitp

Bibliografische Information der Deutschen Nationalbibliothek

Die Deutsche Nationalbibliothek verzeichnet diese Publikation in der Deutschen Nationalbibliografie; detaillierte bibliografische Daten sind im Internet über https://portal.dnb.de/opac.htm abrufbar.

ISBN 978-3-7475-0988-3
1. Auflage 2025, Nachdruck 2026

www.mitp.de
E-Mail: mitp-verlag@lila-logistik.com
Telefon: +49 7953 / 7189 - 079
Telefax: +49 7953 / 7189 - 082

Lektorat und Sprachkorrektorat: Katja Völpel
Covergestaltung: Christian Kalkert
Bildnachweis: Jacqueline Sommer, Andi Sommer
Satz: Petra Kleinwegen
Druck: ADverts in Riga, Lettland

Inhalt

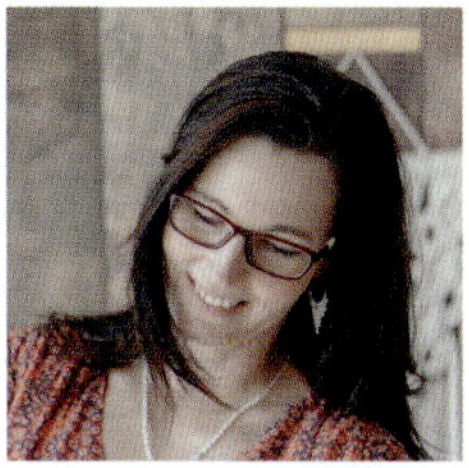

Faszination Mikro-Makramee
Seite 7

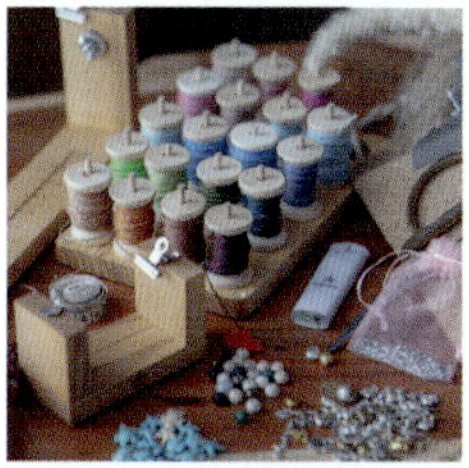

Materialkunde
Seite 9

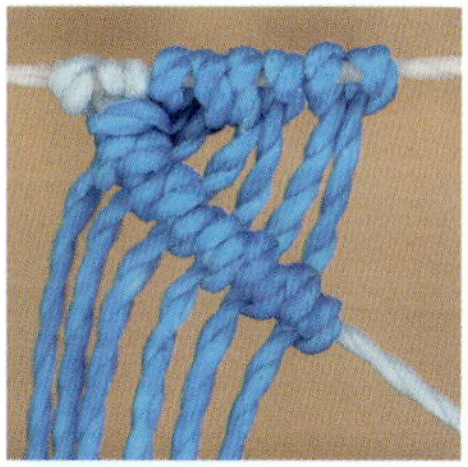

Knoten, Muster und Techniken
Seite 12

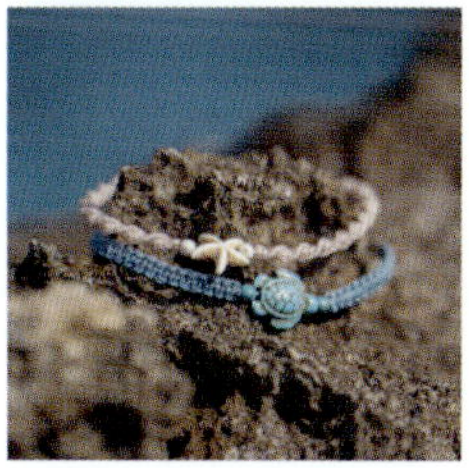

Projekt 1
Armbänder »Südseetraum«
Seite 19

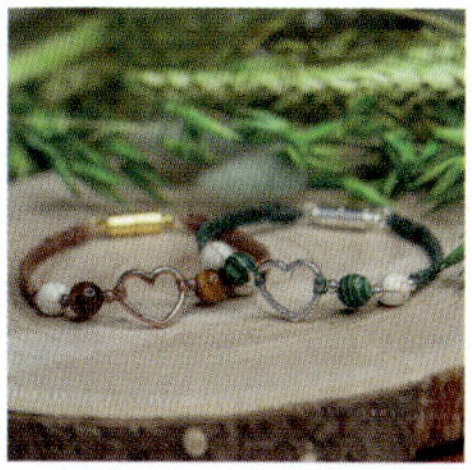

Projekt 2
Armband »Perlenzauber«
Seite 29

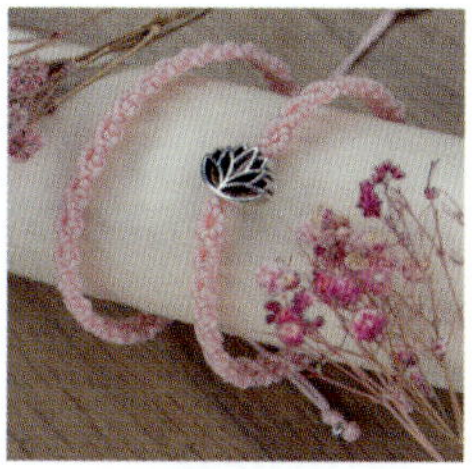

Projekt 3
Armband »Seelenblüte«
Seite 35

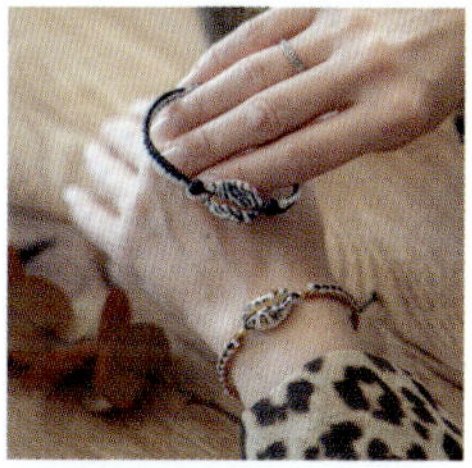

Projekt 4
Armbänder »Safari-Style«
Seite 47

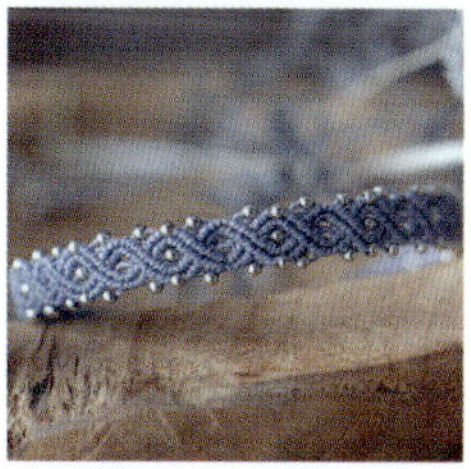

Projekt 5
Choker »Diamonds«
Seite 57

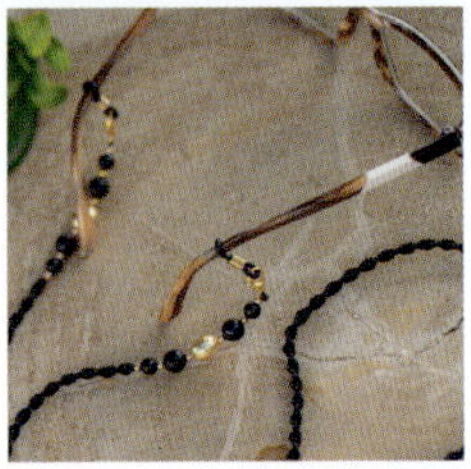

Projekt 6
Brillenkette »Glamorous«
Seite 69

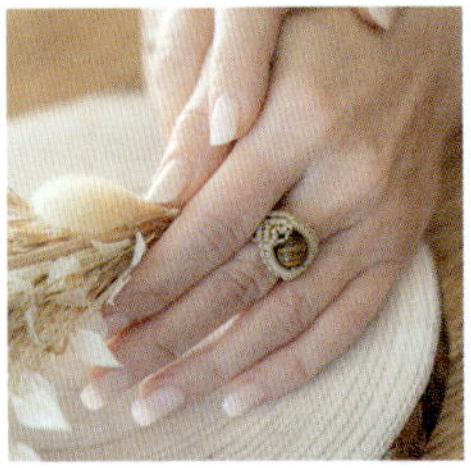

Projekt 7
Ring »Unique«
Seite 75

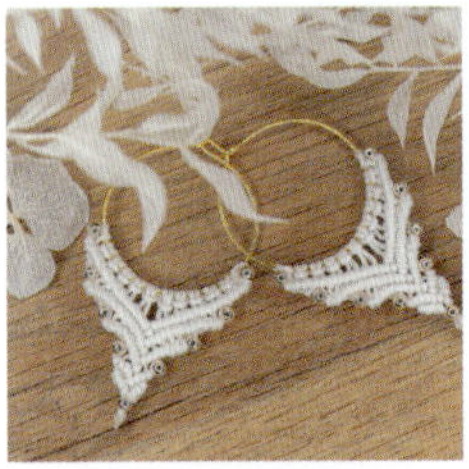

Projekt 8
Ohrringe »Aurora«
Seite 89

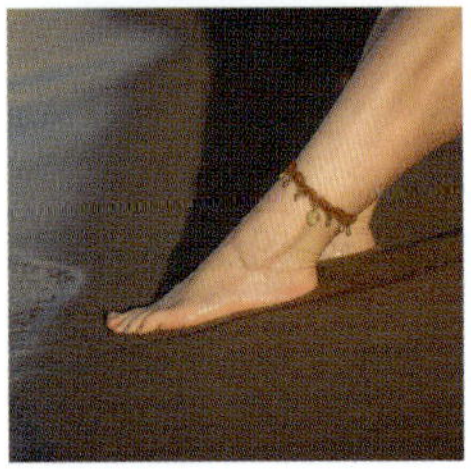

Projekt 9
Fußkettchen »Meereswelle«
Seite 95

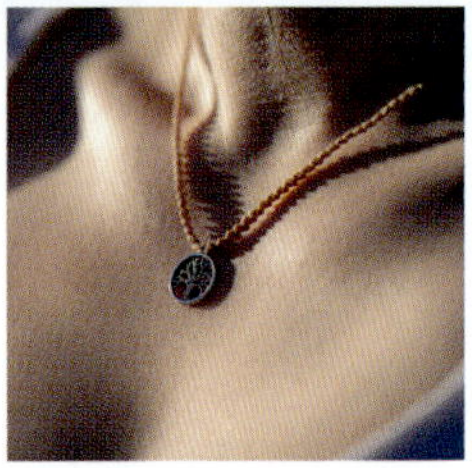

Projekt 10
Halskette »Ewige Wurzeln«
Seite 105

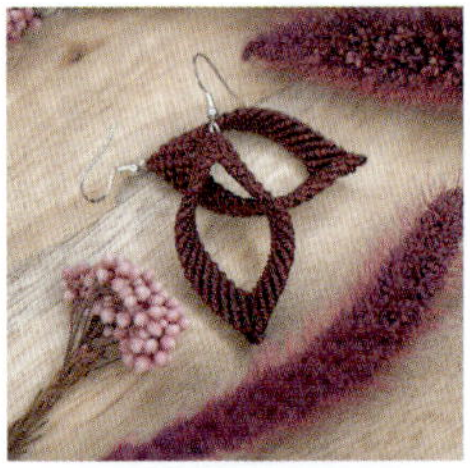

Projekt 11
Ohrhänger »Venus«
Seite 109

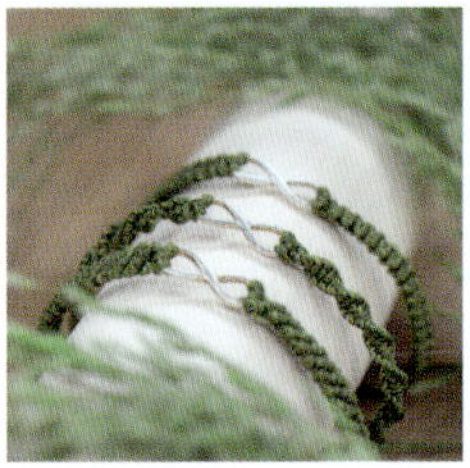

Projekt 12
Familienarmbänder »Endlose Liebe«
Seite 117

Faszination Mikro-Makramee

Auf meiner langjährigen Makramee-Reise habe ich mich in vielen verschiedenen Stilen und Projekten ausprobiert. Was mich hierbei immer wieder besonders fasziniert, ist die feine Knotenkunst des Mikro-Makramee.

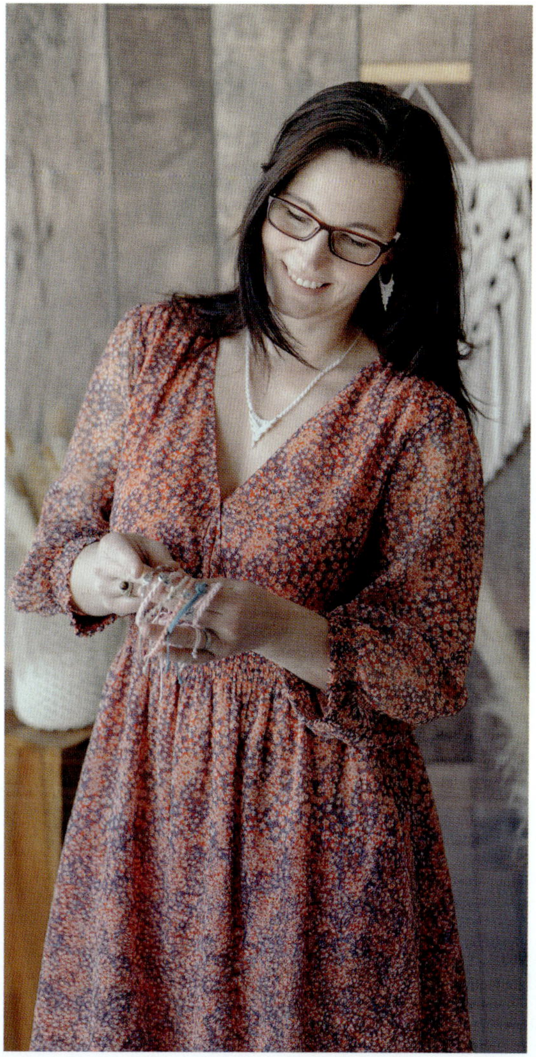

Mit wenigen Materialien lassen sich wunderschöne Armbänder, Ohrringe und Ketten zaubern. Jedes Schmuckstück wird durch verschiedene Perlen, Verbinder und natürlich auch die unterschiedlichen Knotenmuster zu einem individuellen Kunstwerk.

Die grenzenlosen Möglichkeiten und die Vielzahl an Materialien ziehen mich regelmäßig in den Bann und inspirieren mich, neue Kreationen auszuprobieren, neue Farben zu kombinieren und immer wieder aufs Neue kreativ zu werden. Es ist ein unheimliches Vergnügen, zu dem ich dich nun ebenfalls einladen möchte.

Meine Lieblingsprojekte stelle ich dir in diesem Buch vor.

Also lass uns einfach loslegen und gemeinsam kunstvollen Makramee-Schmuck zaubern.

Ich wünsche dir viel Spaß dabei!

Deine Jacky

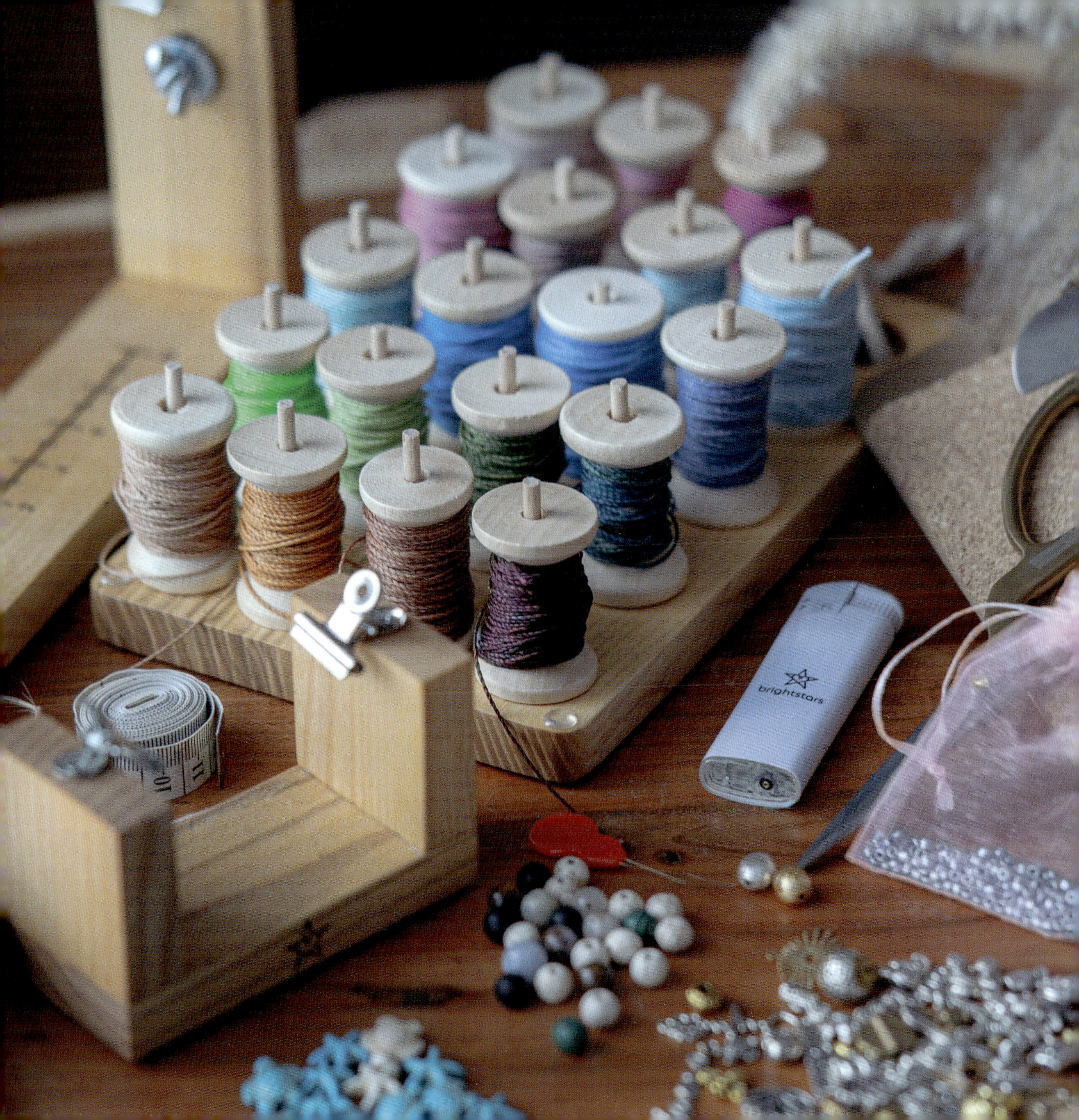
brightstars

Materialkunde

Wenn du Anfänger bist und gern ins Mikro-Makramee einsteigen möchtest, habe ich großartige Neuigkeiten für dich, denn für erste kleine Projekte braucht es wirklich nicht viel. Und der riesige Vorteil: Die wichtigsten Materialien sind relativ kostengünstig zu erwerben.

Neben einem speziellen Garn benötigst du einige Hilfsmittel und etwas Zubehör. Die wichtigsten Utensilien für die Schmuckherstellung stelle ich dir hier einmal etwas genauer vor.

Tipp

Es ist schwierig, gutes Equipment für den Bereich des Mikro-Makramee zu finden. Ich war selbst lange auf der Suche und bin schließlich im Shop von https://brightstars-design.de fündig geworden. Dieser Shop hat sich auf die Schmuckherstellung spezialisiert. Du bekommst hier sowohl das Garn als auch unheimlich viel Zubehör und nützliche Hilfsmittel.

Mikro-Makramee-Garn

Wie der Name bereits vermuten lässt, bewegen wir uns bei dieser speziellen Art des Makramee im Mikro-Bereich. Sowohl das Garn als auch das Zubehör sind sehr filigran und machen das Kreieren graziler Schmuckstücke erst möglich.

Mikro-Makramee-Garn gibt es in der Stärke zwischen 0,5 mm und 1,2 mm. Es gibt sowohl geflochtene als auch gedrehte Varianten. Damit sich Knoten nicht sofort wieder lösen, ist das Garn zumeist gewachst und enthält einen hohen Polyester-Anteil, was es brennbar macht.

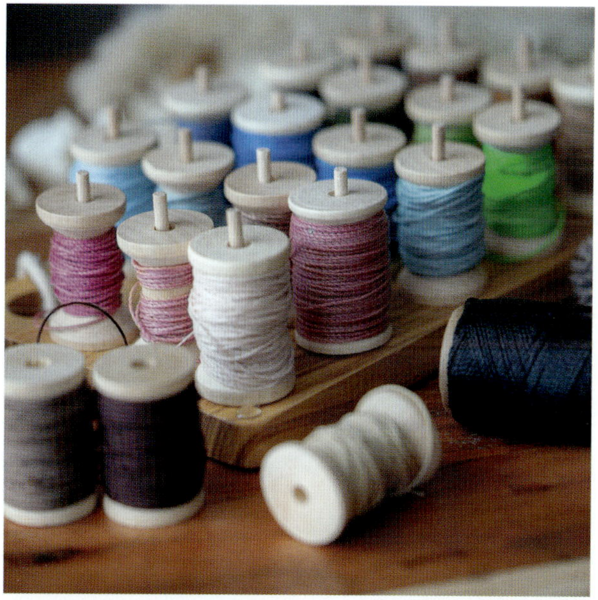

Zubehör

Auf deiner kreativen Reise wird dir eine Vielzahl von Zubehör begegnen, das du für die Schmuckherstellung nutzen kannst.

Sehr beliebt sind dabei **Perlen**. Es gibt sie in verschiedenen Größen. Für unsere filigranen Arbeiten empfehle ich dir ein Set mit kleinen Perlen in der Größe 3 mm in unterschiedlichen Farbtönen wie Silber und Gold.

Auch größere Perlen aus Holz, Edelstein und Kunststoff können hervorragend in Makramee-Schmuck integriert werden. Dafür eignen sich insbesondere Perlen in den Größen 4-8 mm.

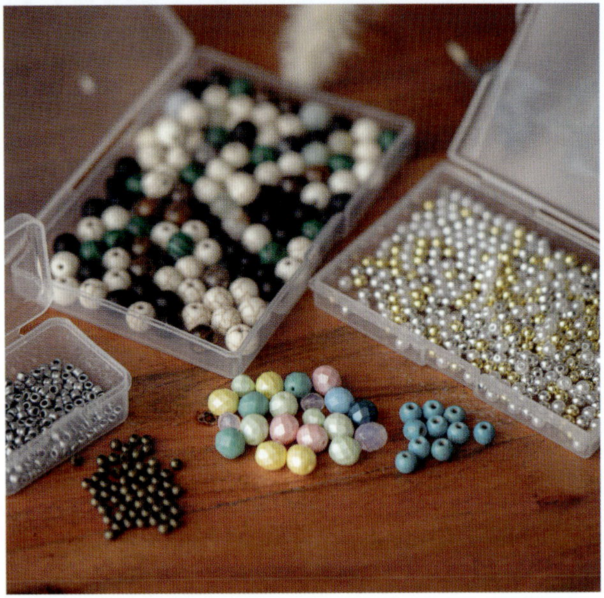

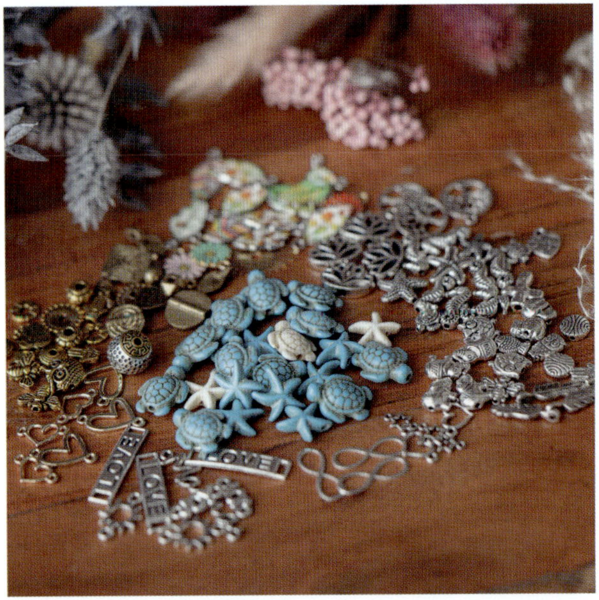

Absolute Highlights vieler Mikro-Makramee-Projekte sind **Verbinder** und **Anhänger**.

Verbinder werden genutzt, um zwei Seiten, z.B. bei Ketten oder Armbändern, zusammenzuführen. Es gibt sie in unterschiedlichsten Formen und Varianten. Du wirst Verbinder zu verschiedenen Themen wie Liebe, Hochzeit, Familie, Weihnachten u.s.w.. finden. Da sie meist seitlich in ein Projekt eingebunden werden, haben sie in der Regel in der Mitte ein Loch zum Auffädeln oder rechts und links eine kleine Öse zur Befestigung.

Anhänger haben meist nur eine Öse, an der du dein Garn befestigen kannst.

Hilfsmittel

Zu den wichtigsten Hilfsmitteln gehört auf jeden Fall eine scharfe **Schere**, mit der du deine Fäden zuschneiden und am Ende auch kürzen kannst.

Zum Abmessen der Fäden genügt ein flexibles **Maßband** (kein Zollstock).

Außerdem empfehle ich dir ein **Kork-Klemmbrett** mit **Pins**, auf dem du dir deine Projekte befestigen kannst.

Weitere wichtige Hilfsmittel sind ein **Feuerzeug** zum Abbrennen sowie eine **Perlennadel** zum Auffädeln von Perlen.

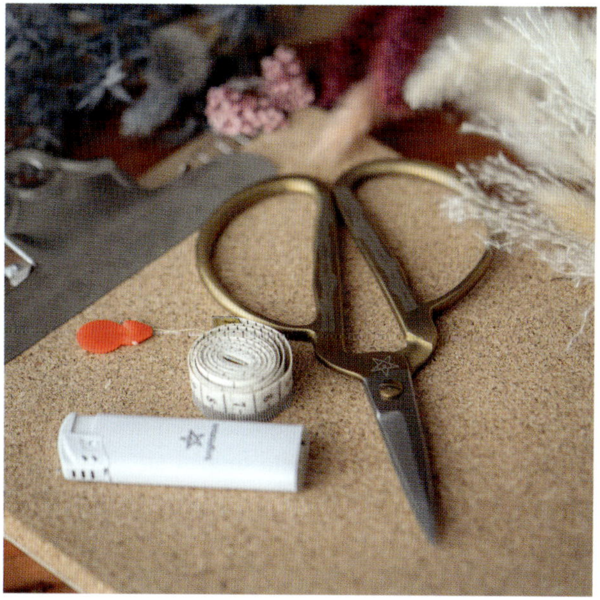

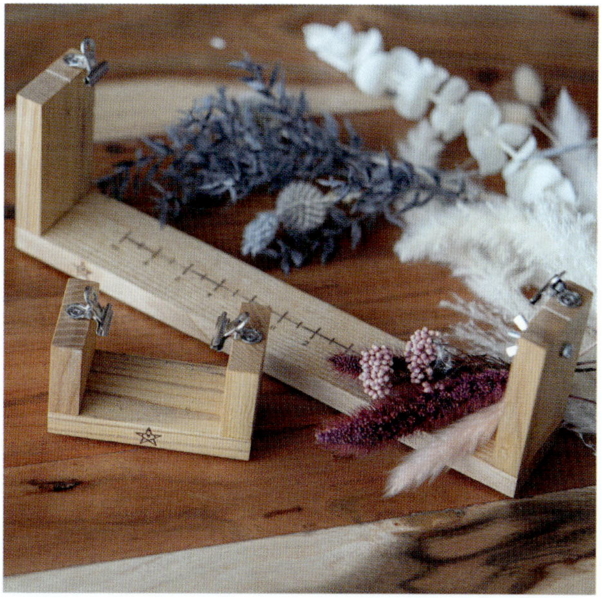

Für die Herstellung von Armbändern empfehle ich dir zudem einen **Armband-Maker**. Hier kannst du deine Fäden sowohl vorn als auch hinten fest einspannen und straffen. Dies ist wichtig, um dein Projekt gut zu fixieren und optimal knüpfen zu können.

Es gibt auch kleinere Varianten des Armband-Makers für das Knüpfen von Verschlüssen. Auch hier spannst du dein Projekt fest ein, sodass nichts verrutschen kann.

Knoten, Muster und Techniken

Ankerknoten (Variante von vorn)

Der Ankerknoten wird im Bereich des Mikro-Makramee dafür verwendet, Fäden an einem Träger zu befestigen (z.B. einem Ohrring/einer Creole) oder neue Fäden in ein Projekt einzubinden.

In der Variante von vorn nimmst du einen Faden doppelt, legst ihn mit der Schlaufe hinter deinen Träger, führst die beiden Fadenenden um den Träger nach vorn herum und fädelst sie durch die entstandene Schlaufe durch (Abbildung 1).

Ankerknoten (Variante von hinten)

In der Variante von hinten nimmst du ebenfalls einen Faden doppelt und legst ihn mit der Schlaufe auf deinen Träger, allerdings liegt die Schlaufe dabei diesmal vor dem Träger. Die beiden Fadenenden führst du hinter dem Träger herum und fädelst sie durch die Schlaufe nach vorn durch (Abbildung 2).

Ziehe den entstandenen Knoten jeweils schön fest an.

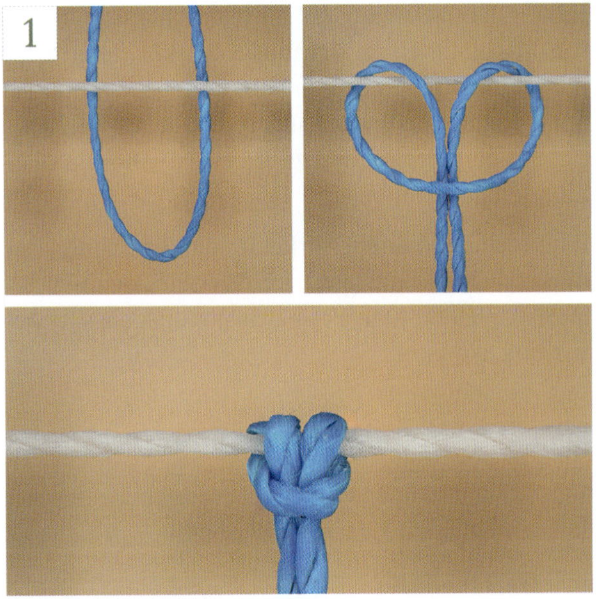

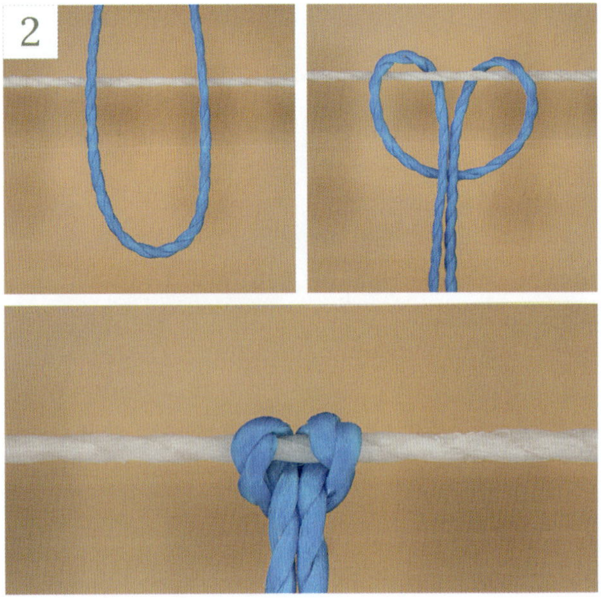

Halber und ganzer Kreuzknoten

Der Kreuzknoten ist *der* Grundknoten schlechthin im Makramee. Hierbei wird ein Faden um die zwei inneren Fäden, die sogenannten Mittelfäden, verknotet.

Für den halben Kreuzknoten von links nimm das äußere linke Fadenende und führe es über die beiden Mittelfäden nach rechts herüber. Nimm nun das rechte äußere Fadenende, lege es über das von links kommende Fadenende, führe es unter diesem und hinter den beiden Mittelfäden entlang. Anschließend fädelst du es nach vorn durch die entstandene Schlaufe des linken Fadenendes hindurch.

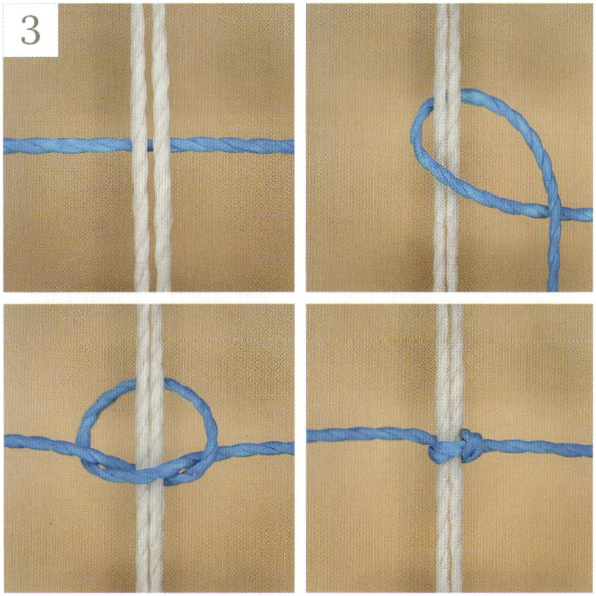

Der ganze Kreuzknoten entsteht durch zwei halbe Kreuzknoten, welche spiegelverkehrt geknüpft werden. Knüpfe zunächst einen halben Kreuzknoten wie zuvor (Abbildung 3) von links. Anschließend knüpfe einen weiteren halben Kreuzknoten – diesmal jedoch von rechts. Lege also das rechte äußere Fadenende über die Mittelfäden nach links herüber, nimm das linke äußere Fadenende und führe es über das rechte Fadenende hinter die Mittelfäden und durch die Schlaufe des rechten Fadenendes nach vorn hindurch (Abbildung 4). Es spielt keine Rolle, von welcher Seite du deinen Kreuzknoten beginnst, solange du die beiden halben Knoten abwechselnd links und rechts knüpfst.

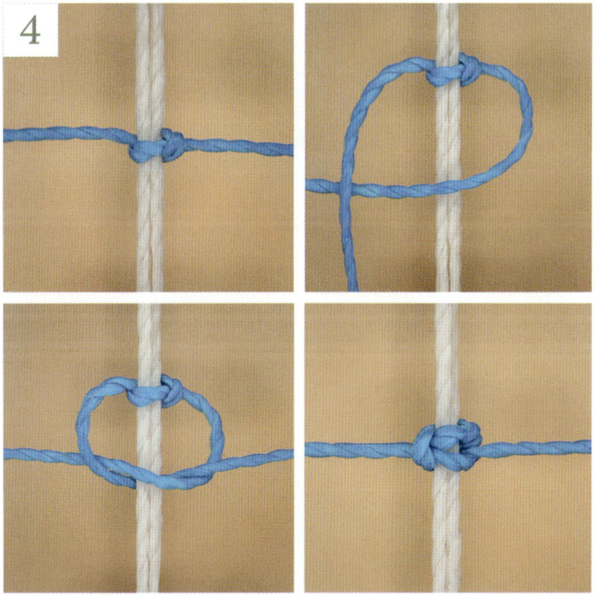

Rippenknoten

Mit dem Rippenknoten lassen sich Muster und Linien im Makramee darstellen. Er kann sowohl horizontal als auch diagonal geknüpft werden. Und das von links oder rechts.

Der Rippenknoten wird mit mindestens zwei, oftmals sogar mit mehreren Fäden geknüpft. Dabei werden Knoten um einen Führfaden aufgereiht. Der Führfaden gibt die Richtung vor.

Für den halben Rippenknoten halte den Führfaden fest und führe den zweiten Faden um den Führfaden herum. Fädele den Faden durch die entstandene Schlaufe und schiebe den Knoten nach oben (Abbildung 5).

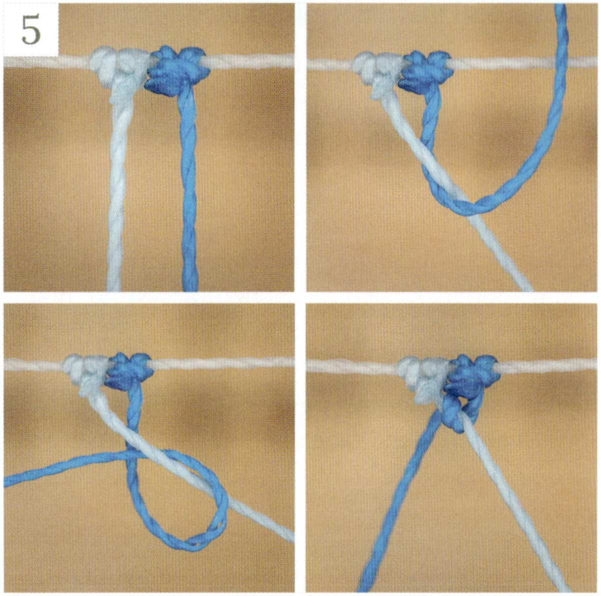
5

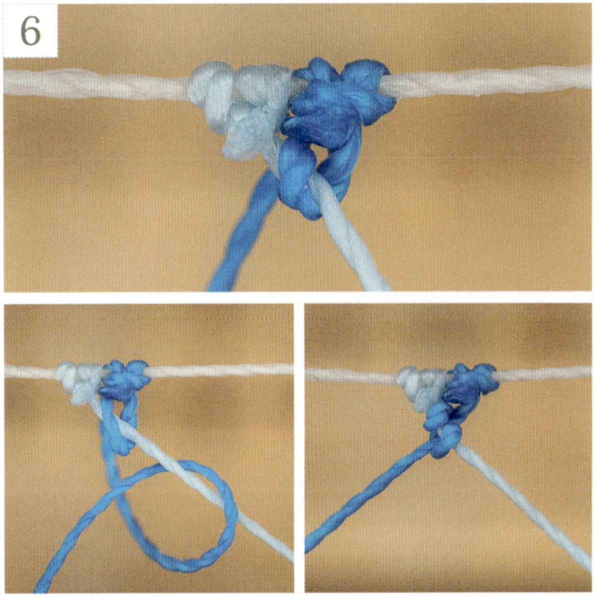
6

Um den Rippenknoten zu vervollständigen, wiederhole den Schritt für den zweiten halben Knoten. Der Führfaden bleibt dabei derselbe. Während der erste halbe Knoten die Position des Rippenknotens festlegt, wird er durch den zweiten halben Knoten fixiert (Abbildung 6).

Für eine Rippenknotenreihe mit mehreren Fäden bildet in der Regel der erste Faden den Führfaden, um den die restlichen Fäden wie beschrieben geknüpft werden.

Spiralmuster

Für das Spiralmuster werden halbe Kreuzknoten untereinander geknüpft. Ob du den halben Kreuzknoten von links oder rechts knüpfst, spielt dabei keine Rolle. Wichtig ist hierbei lediglich, dass du ihn immer von derselben Seite knüpfst. Die spiralförmige Drehung entsteht nach etwa 5-7 halben Knoten ganz von selbst.

Das Spiralmuster ist eines der beliebtesten Grundmuster für Armbänder und Ketten, weil es leicht zu erlernen ist und zudem wunderschön aussieht.

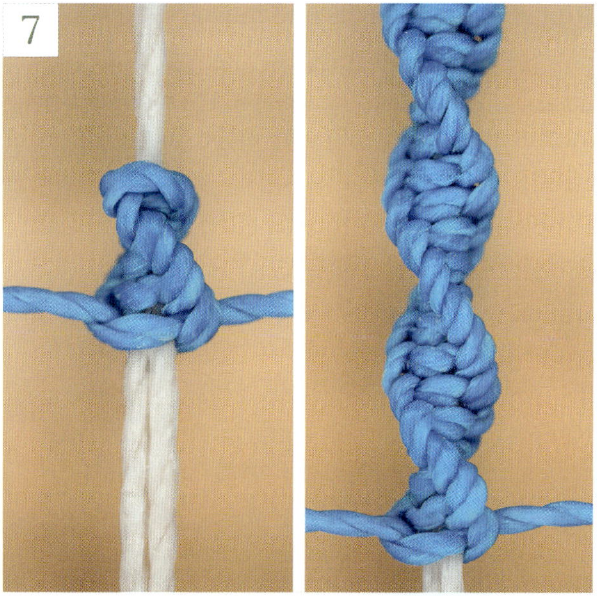

7

Einfaches Kreuzknotenmuster

Ein weiteres Grundmuster ist das einfache Kreuzknotenmuster. Dies entsteht, indem ganze Kreuzknoten untereinander geknüpft werden.

Dieses Muster ist zwar eher schlicht, aber im Bereich der Schmuckherstellung nicht wegzudenken. Es wird nicht nur als Muster für Schmuckstücke genutzt, sondern auch, um Verschlüsse für Ketten und Armbänder zu fixieren.

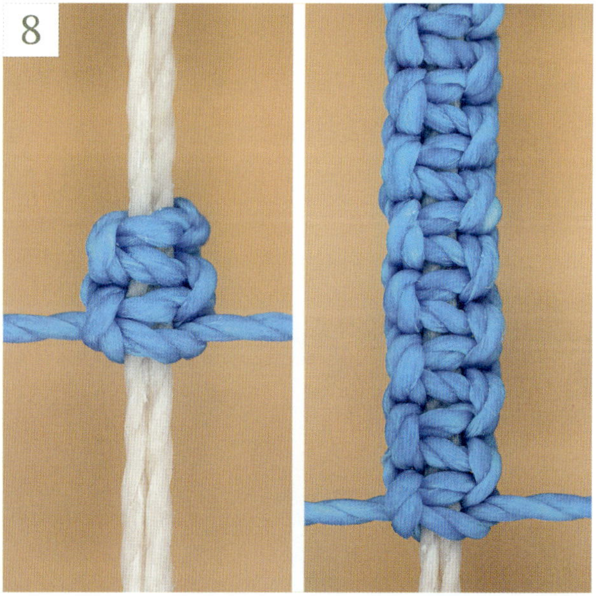

8

Rippenknotenreihen- und muster

Für das Knüpfen von Linien und Ornamenten nutzt man Rippenknotenreihen. Hierbei werden mehrere Rippenknoten über einen oder mehrere Führfäden geknüpft.

Für eine Rippenknotenreihe mit mehreren Fäden bestimmt man zunächst den Führfaden.

Um diesen Führfaden werden dann die restlichen Fäden geknüpft. Der Führfaden bleibt dabei immer starr und wird selbst nicht bewegt.

Knüpft man wiederholt einfache Rippenknotenreihen untereinander, erhält man das typische Rippenknotenmuster.

9a

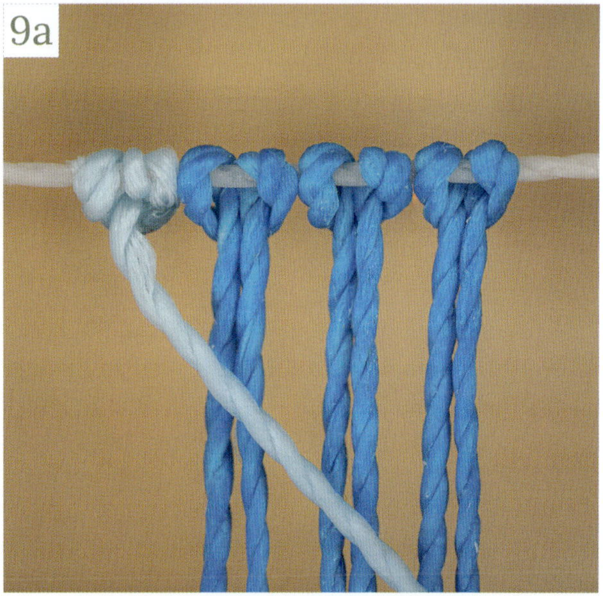

9b

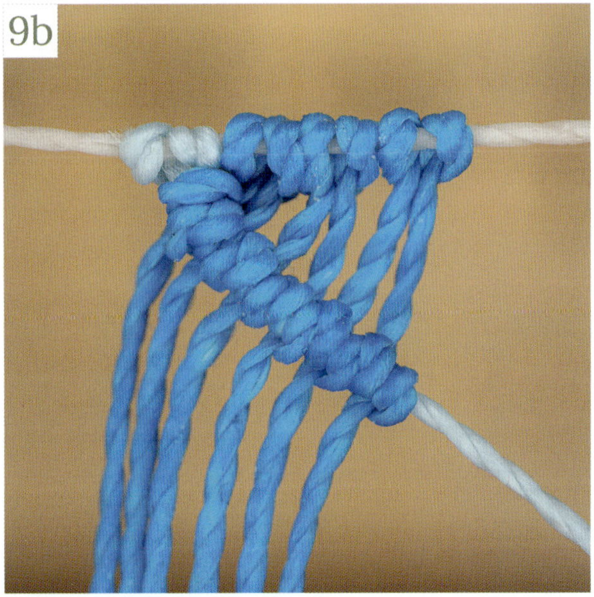

9c

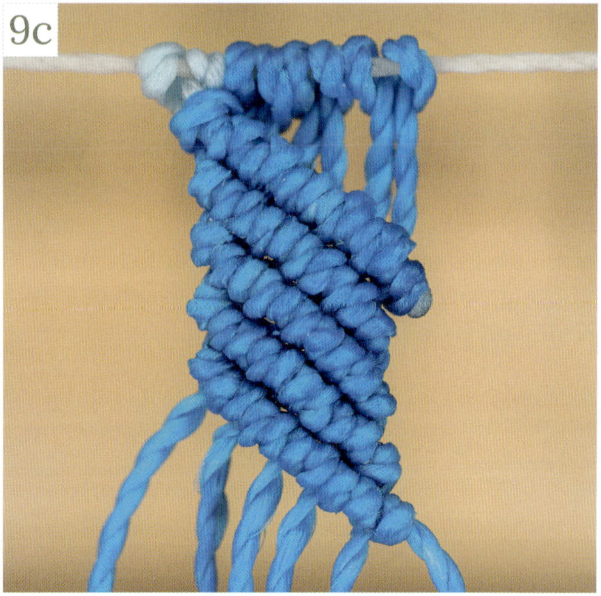

Perlen auffädeln

Die meisten Perlen lassen sich problemlos auf unser dünnes Mikro-Makramee-Garn auffädeln. Dies funktioniert meist sogar ohne Hilfsmittel. Du kannst zudem das Ende des Fadens anbrennen – so lässt er sich noch leichter durch die Perle fädeln.

Manche Perlen lassen sich jedoch nur schwer mit der Hand auf das Garn auffädeln. In diesem Fall empfehle ich dir einen Perlenauffädler.

Schiebe hierfür zuerst die Perle auf den Auffädler. Führe dann deinen Faden durch die Schlaufe des Auffädlers und ziehe anschließend die Schlaufe mit dem Faden durch deine Perle.

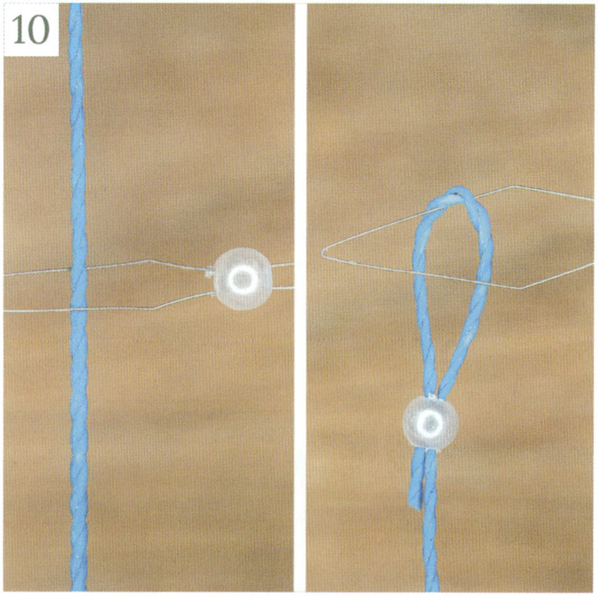

Enden abbrennen

Da Mikro-Makramee-Garn meist aus Polyester besteht, lassen sich die Enden abbrennen.

Fäden, die du nicht mehr benötigst, kannst du kürzen und durch das Abbrennen nahezu unsichtbar verschwinden lassen. Halte die Flamme dabei direkt an das Garn. Du wirst sehen, dass es recht schnell schmilzt. Solange das Garn heiß ist, lässt es sich verbiegen. Dies kannst du nutzen, um die Enden am Projekt festzukleben. Sobald das Garn abgekühlt ist, lässt es sich nicht mehr formen.

Achte darauf, dass du dir nicht die Finger verbrennst.

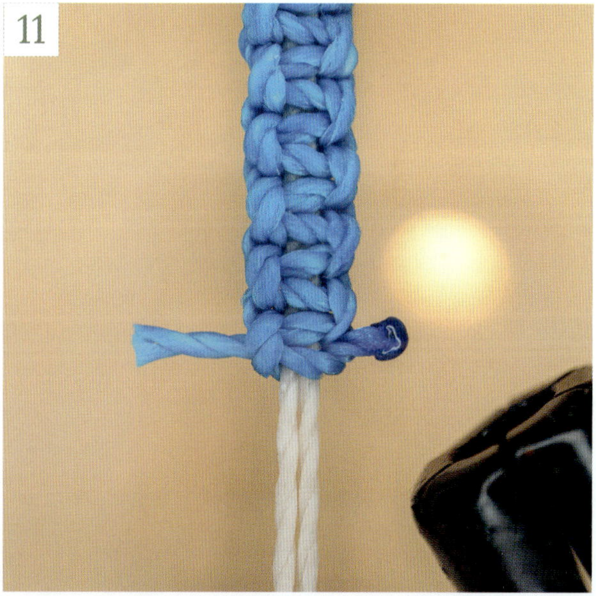

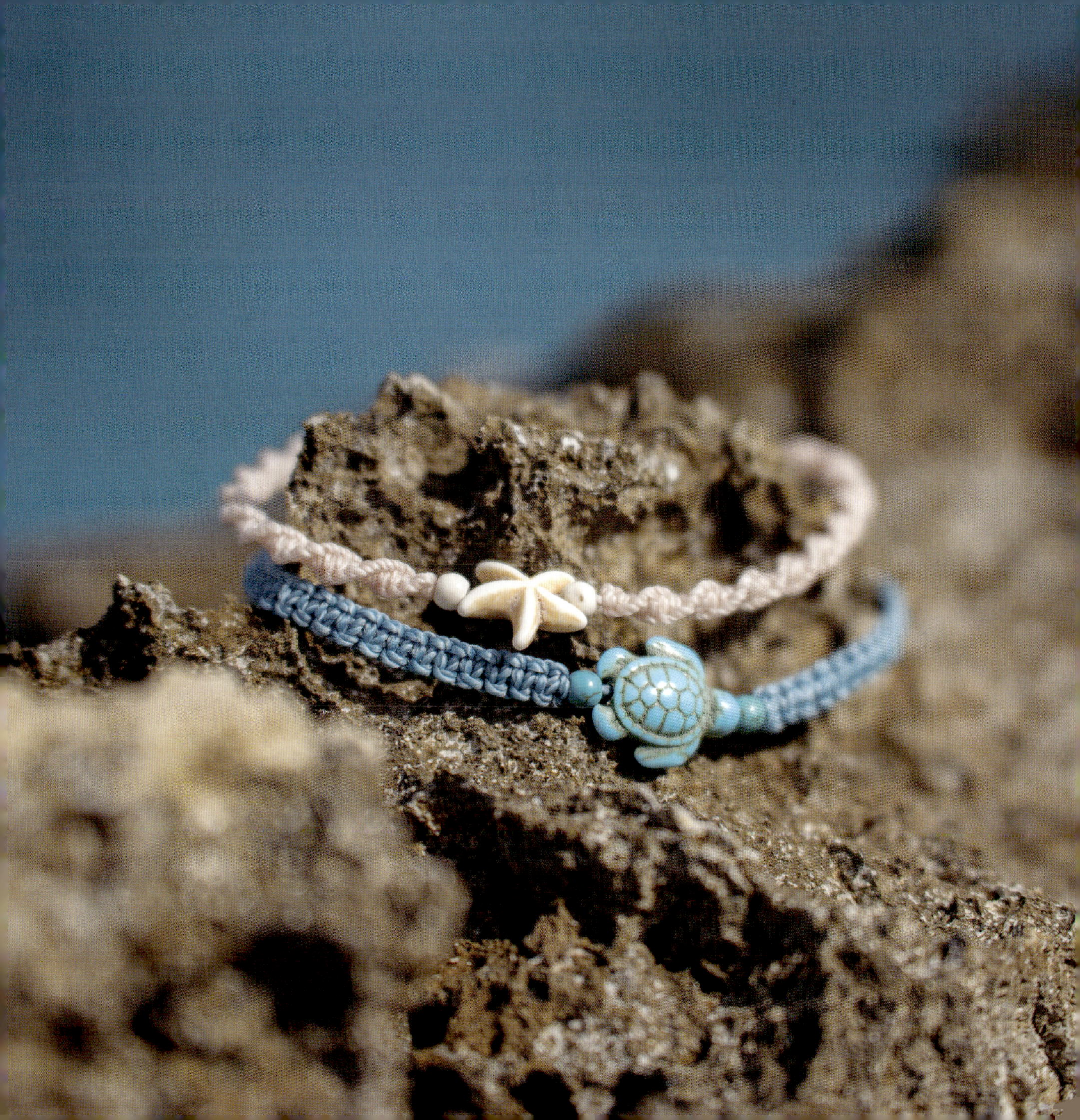

Projekt 1

Armbänder »Südseetraum«

Sonne, Strand und Meeresrauschen – wer liebt es nicht? Mit diesen sommerlichen Armbändern holst du dir das Südseefeeling nach Hause.

Mit Hilfe der hier beschriebenen Technik, etwas Garn, einem Verbinder und ein paar Perlen kannst du unzählige Kreationen verwirklichen.

Wenn du noch keine Erfahrungen im Bereich des Mikro-Makramees hast, ist dieses Projekt der perfekte Einstieg. Ich zeige dir zwei Varianten.

Tipp

Für dieses Projekt findest du eine ausführliche Videoanleitung auf meinem Instagram-Kanal **@makrabags**:

Materialien für 1 Armband

- 1 Verbinder
- 4 Perlen (Größe 4 mm)
- ca. 3 m Mikro-Makramee-Garn

Ich nutze für diese Armbänder ein gedrehtes Garn in der Stärke 1 mm. Du kannst aber auch ein geflochtenes Garn verwenden.

Zum Knüpfen empfehle ich dir einen Armband-Maker. Zum Auffädeln der Perlen kann eine Perlennadel hilfreich sein.

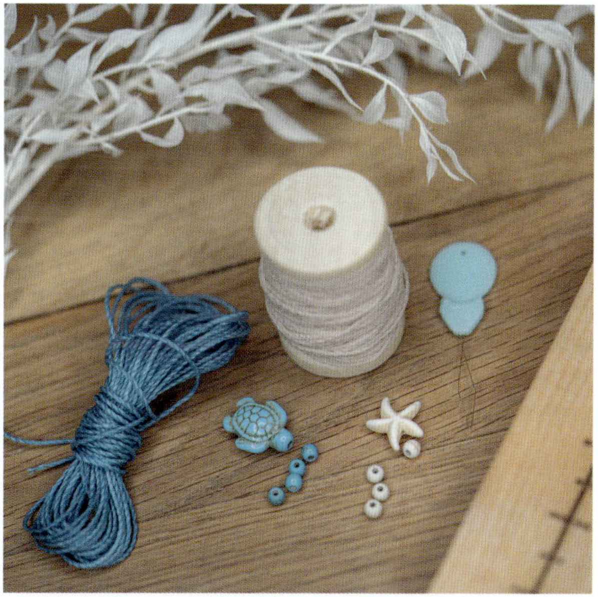

1 Vorbereitung

Schneide dir zunächst 2 Fäden mit einer Länge von je 0,90 m sowie 2 Fäden mit einer Länge von je 0,45 m zurecht.

Nimm dir eine Perlennadel und fädele auf die beiden 0,45 m langen Fäden erst eine Perle, danach den Verbinder und dann eine zweite Perle auf. Schiebe Perlen und Verbinder in die Mitte deiner beiden Fäden.

Befestige die Fadenenden straff an deinem Armband-Maker. Diese beiden Fäden stellen nun die Mittelfäden deines Projektes dar.

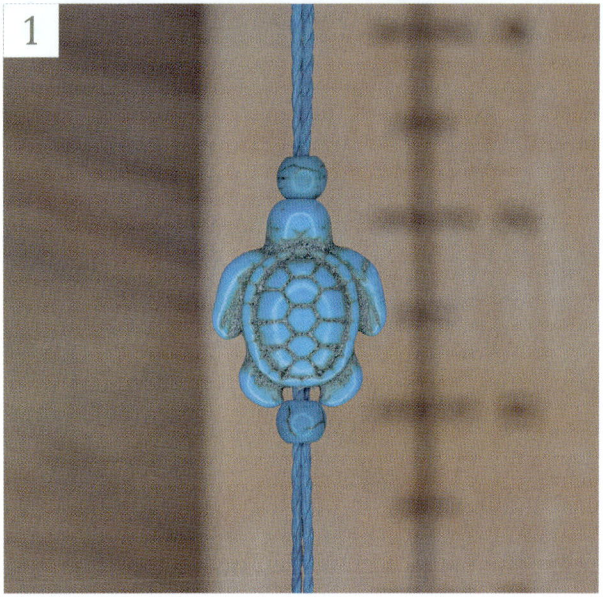

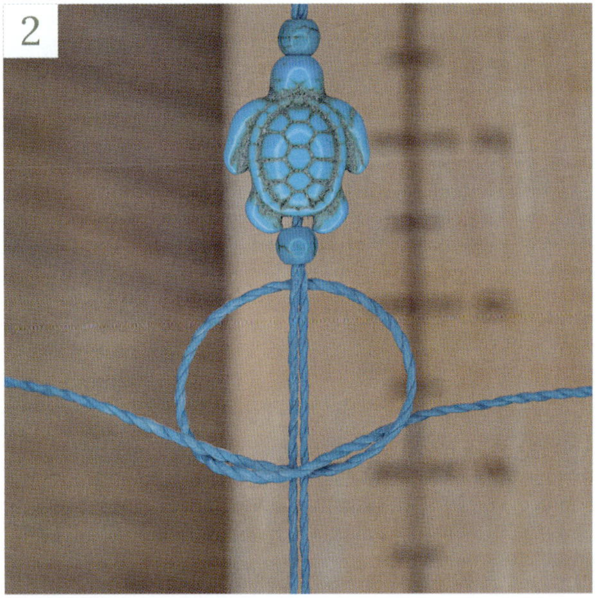

2 Nimm dir einen 0,90 m langen Faden, falte diesen in der Mitte und halte die entstandene Schlaufe am Faltpunkt unter die beiden eingespannten Mittelfäden. Knüpfe nun mit den Fadenenden dieses Fadens einen halben Kreuzknoten um die beiden Mittelfäden.

Der halbe Kreuzknoten sollte dicht unter der letzten Perle beginnen.

Ziehe den entstandenen Knoten gut fest.

Armband Variante 1

3 Spätestens an dieser Stelle solltest du dich für eine der beiden Mustervarianten entscheiden. Ich zeige dir zunächst das Armband mit der Schildkröte im einfachen Kreuzknotenmuster (siehe Seite 15).

Den ersten halben Knoten hast du in Schritt 2 bereits geknüpft. Vervollständige diesen halben Knoten nun zu einem ganzen Kreuzknoten.

Knüpfe anschließend für etwa 6 cm Kreuzknoten untereinander.

Kürze die Fadenenden und brenne sie ab.

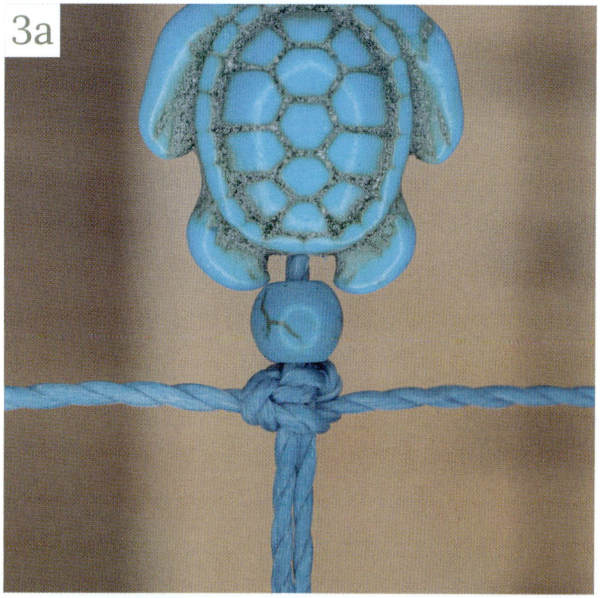
3a

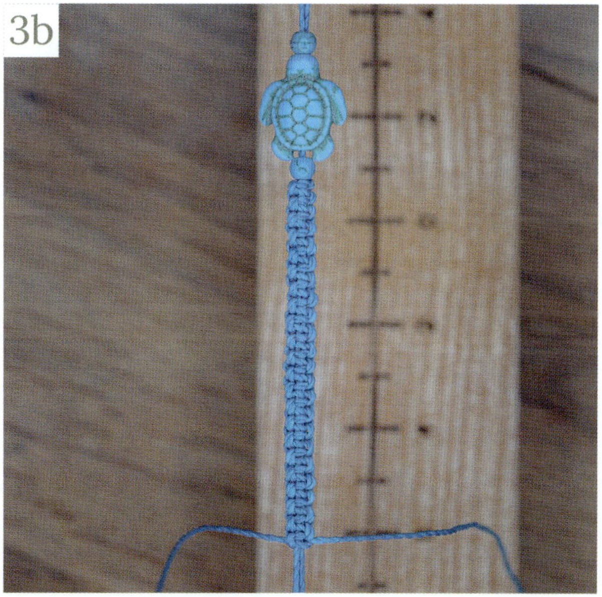
3b

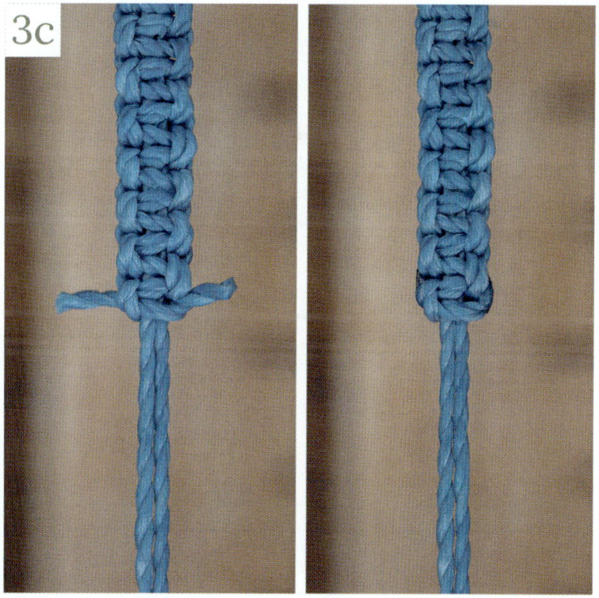
3c

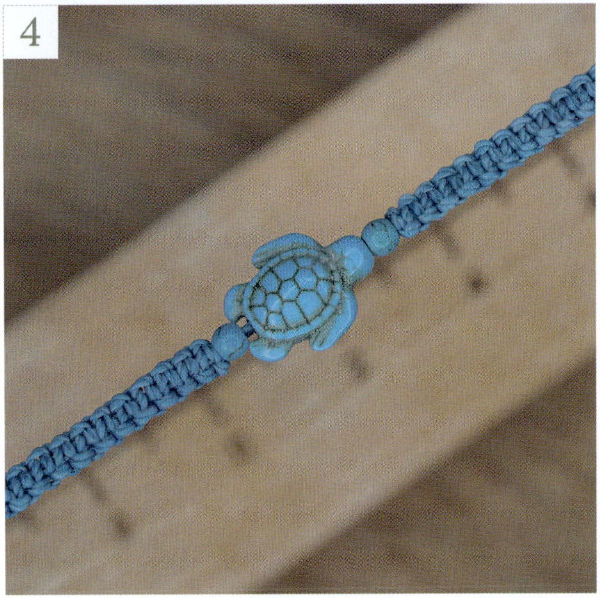

4 Drehe deinen Armband-Maker einmal um und wiederhole die Schritte 2 und 3 auch auf der anderen Seite.

5 Du kannst dein Armband nun vom Armband-Maker lösen.

Forme dein geknüpftes Stück zu einem Kreis und führe die Mittelfäden aneinander vorbei. In der Mitte, wo die Fäden sich treffen, wird im nächsten Schritt der Verschluss geknüpft.

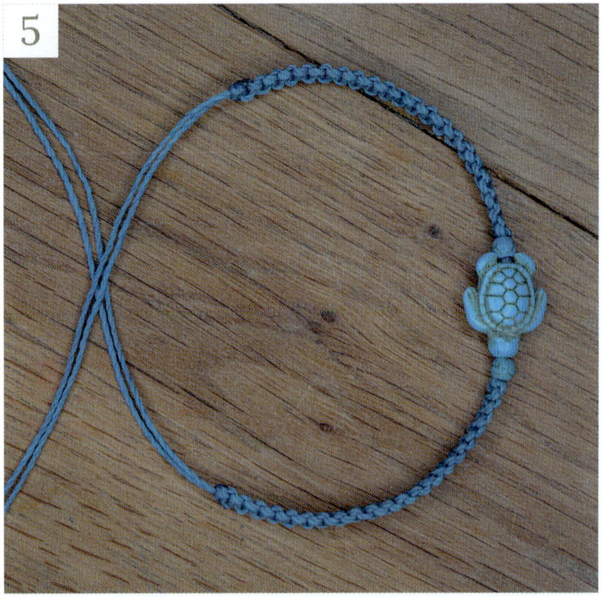

6 Verschluss

Befestige dein Projekt so, dass die 2 Fäden der Mittelfäden jeweils nebeneinander liegen.

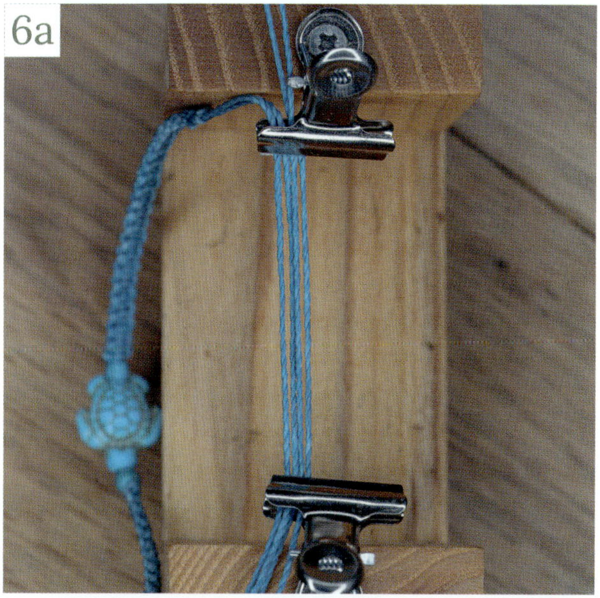
6a

Schneide dir einen zusätzlichen Faden mit einer Länge von 0,20 m zurecht, falte diesen mittig und halte ihn am Faltpunkt unter die Mittelfäden. Knüpfe mit diesem zusätzlichen Faden zunächst einen halben Kreuzknoten.

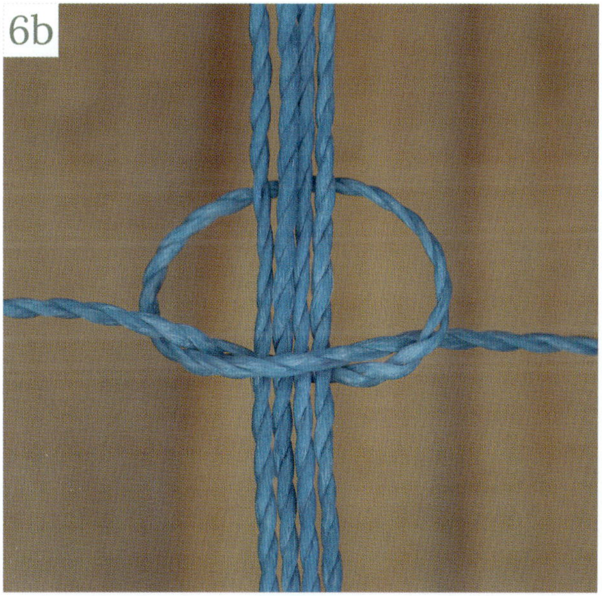
6b

Vollende den halben Knoten zu einem ganzen Kreuzknoten.

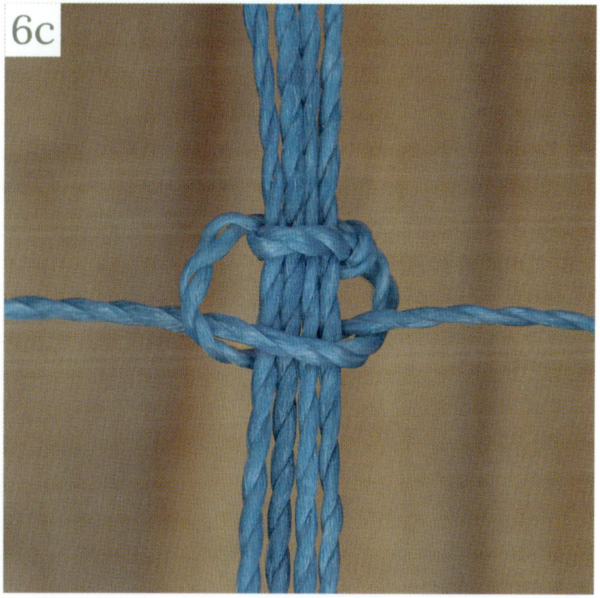
6c

7 Knüpfe 3 Kreuzknoten untereinander.

Kürze die seitlichen Fadenenden auf etwa 0,5 cm.

Tipp

Damit sich der Verschluss später bei häufigem Öffnen und Schließen des Armbandes nicht löst, brenne die seitlichen Fadenenden nur etwas an, lege sie nach innen um und drücke sie auf der Innenseite fest.

7a

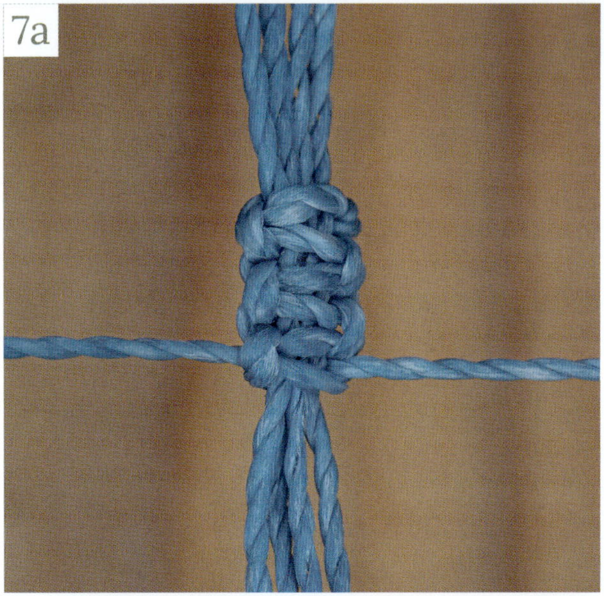

7b

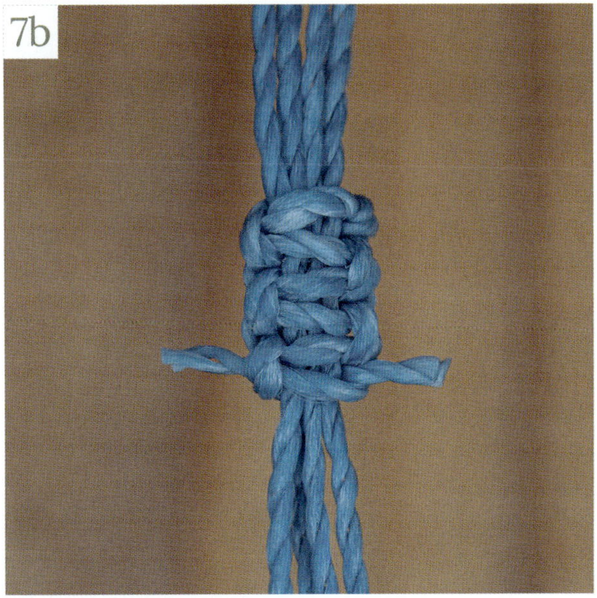

7c

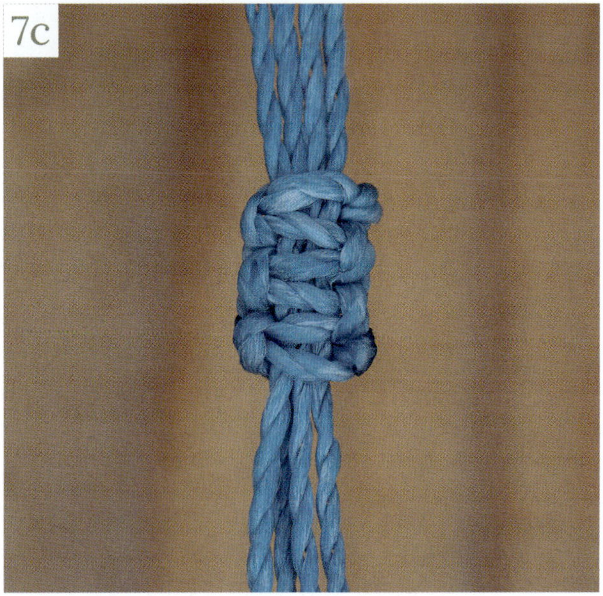

8 Fertigstellung

Du kannst das Armband zum einfachen Anlegen weiten, indem du es innen vorsichtig mit den Fingern auseinanderdrückst. Um es dem Handgelenk anzupassen und es wieder enger zu machen, ziehst du an den seitlichen Fadenenden.

Für die Fertigstellung ziehe das Armband so weit auseinander, dass du es gut über das Handgelenk bekommst, und lasse es so weit geöffnet. Setze einen Knoten an beiden Fadenenden im Abstand von etwa 1,5 cm zum Verschluss. Ziehe auf beiden Seiten eine Perle auf und fixiere diese mit einem weiteren Knoten. Kürze die Enden hinter diesem Knoten und brenne die überstehenden Reste ab.

8a
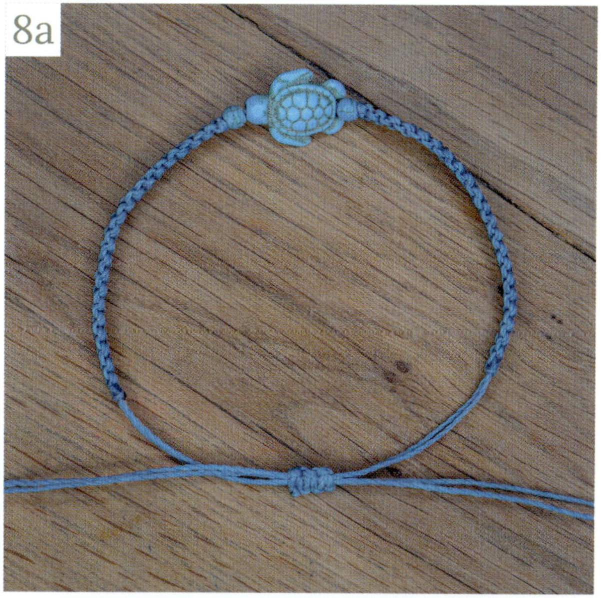

8b
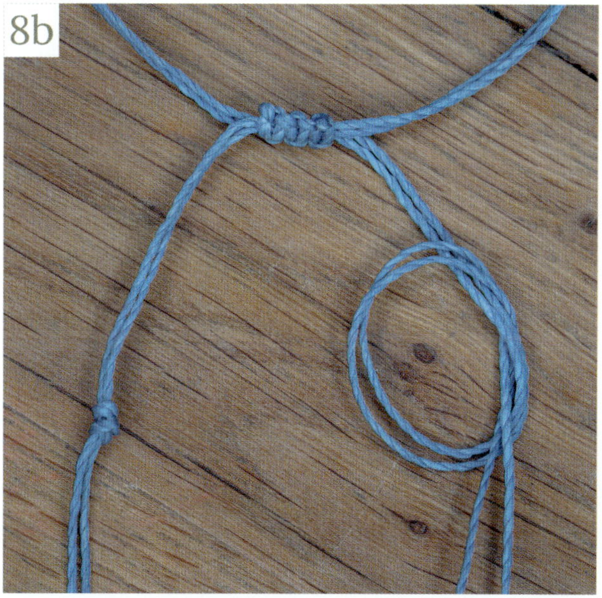

8c
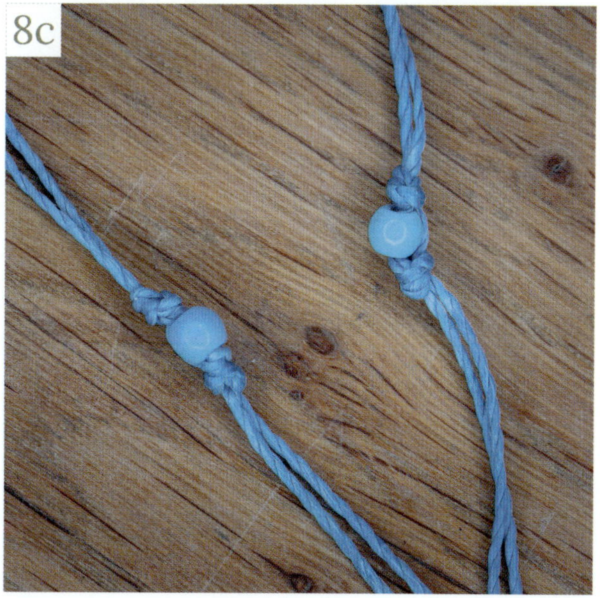

Armband Variante 2

Beginne wie in Variante 1 mit den Schritten 1 und 2.

3 Den ersten halben Knoten hast du im letzten Schritt bereits geknüpft. Knüpfe nun für etwa 6 cm halbe Kreuzknoten untereinander für das Spiralmuster (siehe Seite 15).

Kürze die Fadenenden und brenne sie ab.

2

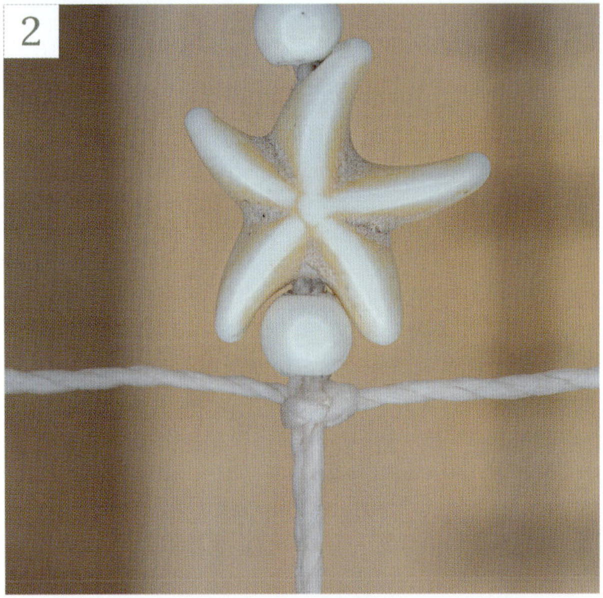

3a

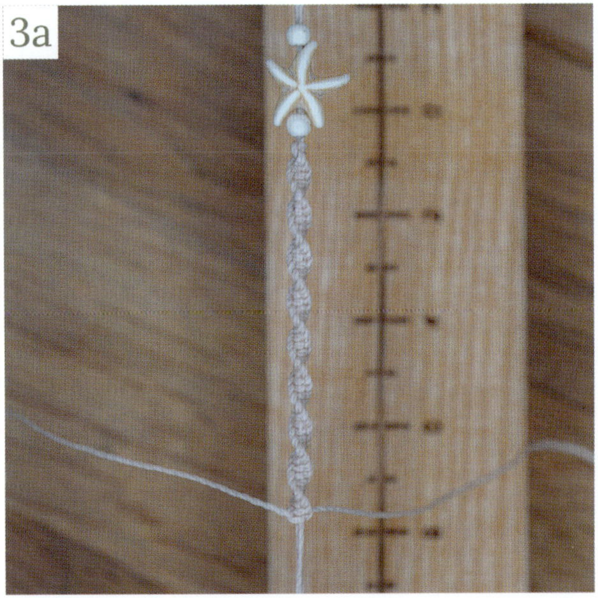

3b

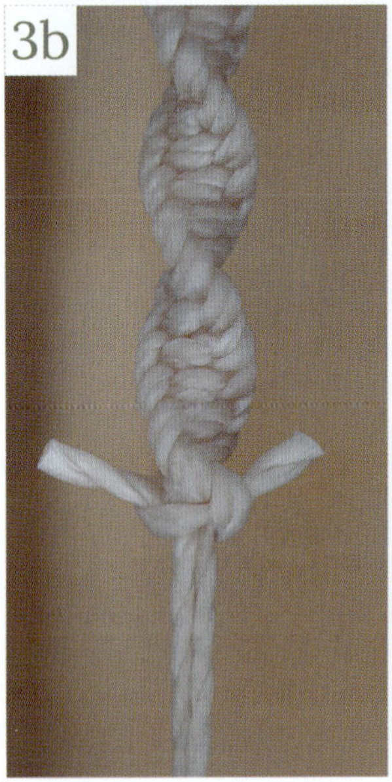

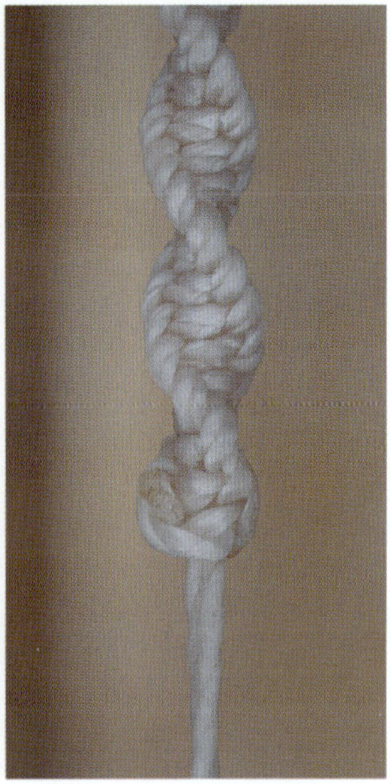

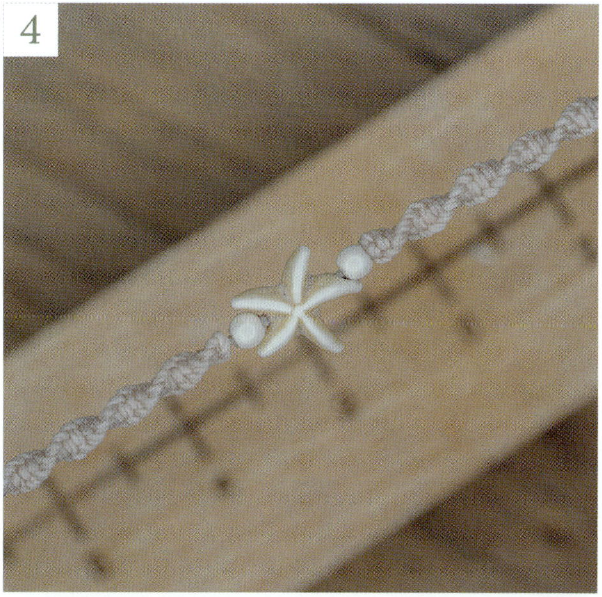

4 Drehe deinen Armband-Maker einmal um und wiederhole die Schritte 2 und 3 auch auf der anderen Seite.

5 Du kannst dein Armband nun vom Armband-Maker lösen.

Wiederhole anschließend die Schritte 6 bis 8 aus der Variante 1 für den Verschluss und die Fertigstellung des Armbandes.

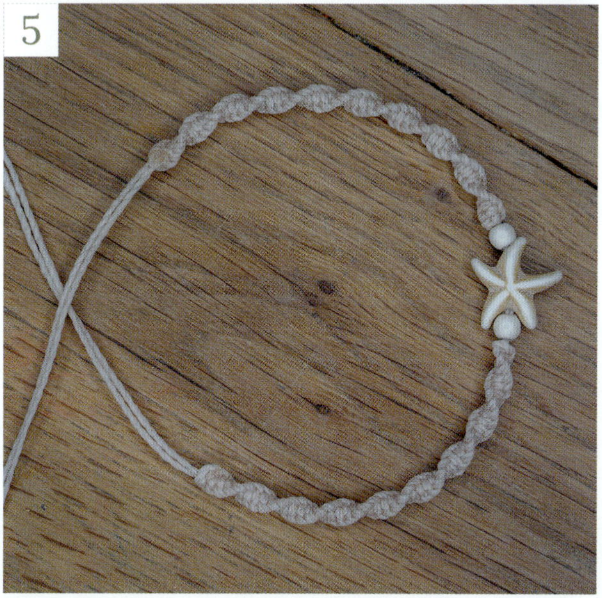

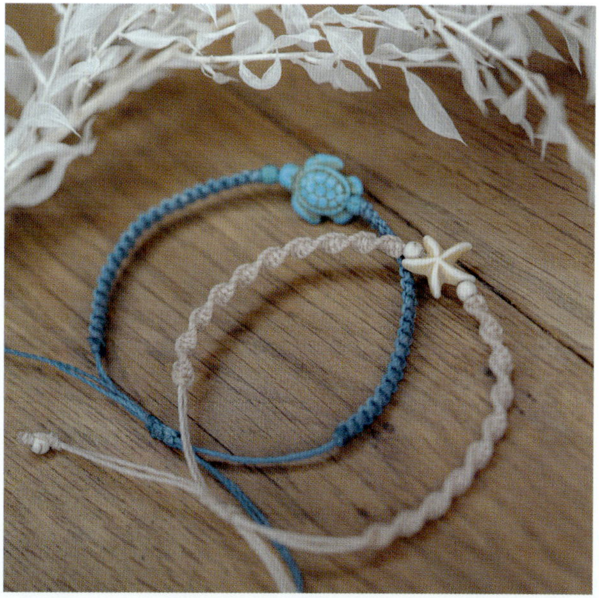

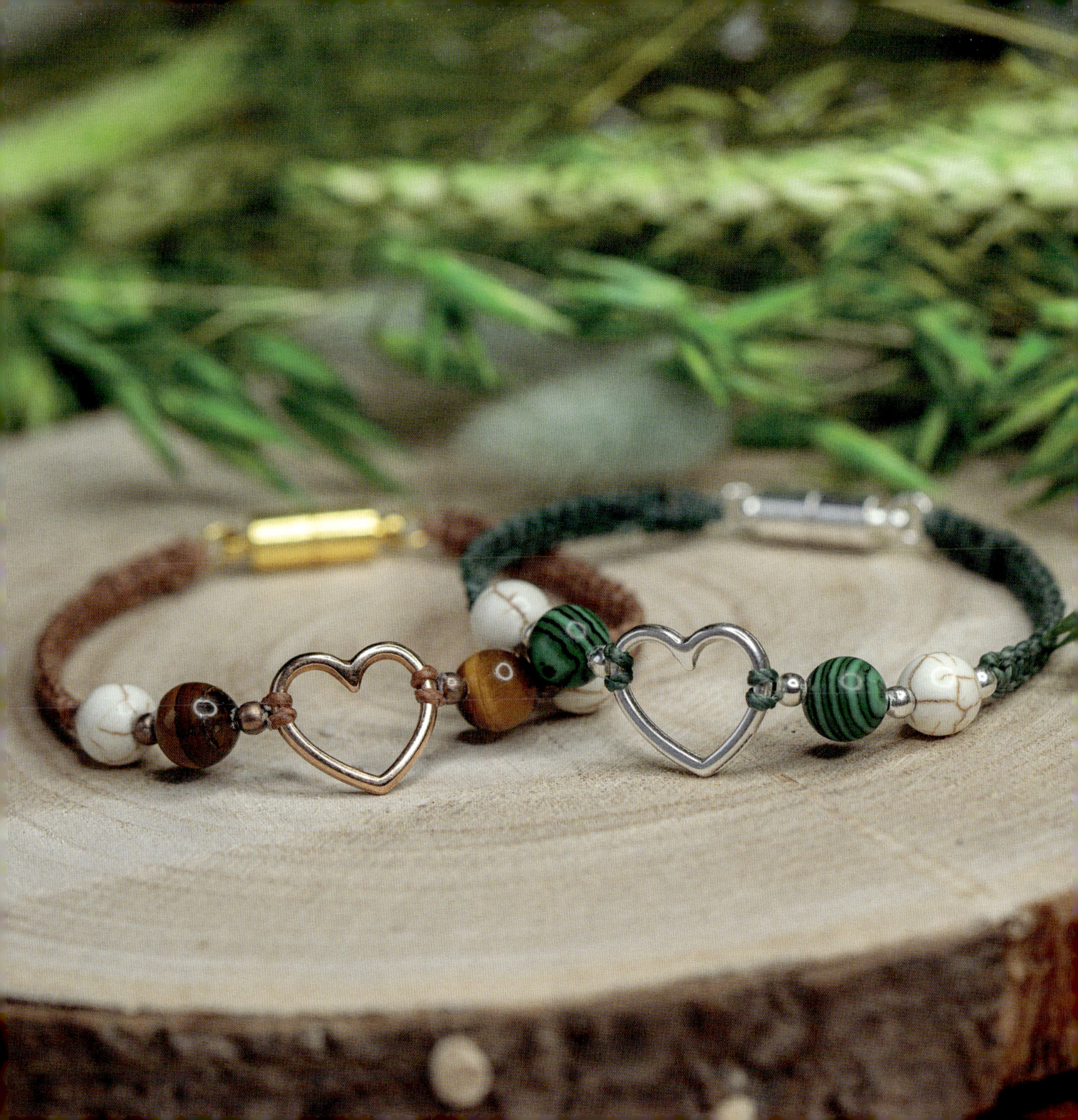

Projekt 2

Armband »Perlenzauber«

Edelsteinperlen und Makramee – das ist eine Kombination, die nicht nur Anmut und Eleganz versprüht, sondern sich auch perfekt ergänzt, denn hier treffen zwei erdige Naturmaterialien aufeinander, die ideal miteinander harmonieren.

Edelsteinen werden zudem bestimmte Energien zugeschrieben, die durch unser feines Garn, die handgefertigten Knoten und eine bewusste Platzierung wunderbar in Schmuck eingebunden werden können.

Tipp

Für dieses Projekt findest du eine ausführliche Videoanleitung auf meinem Instagram-Kanal **@makrabags**:

Materialien für 1 Armband

- 1 Verbinder (hier Herz)
- 4 Edelsteinperlen (Größe 8 mm)
- 6 Perlen (Größe 3 mm)
- 1 Magnetverschluss mit Ringen
- ca. 3 m Mikro-Makramee-Garn (Stärke 1 mm)

Zum Knüpfen empfehle ich dir einen Armband-Maker. Zum Auffädeln der Perlen benötigst du eine Perlennadel.

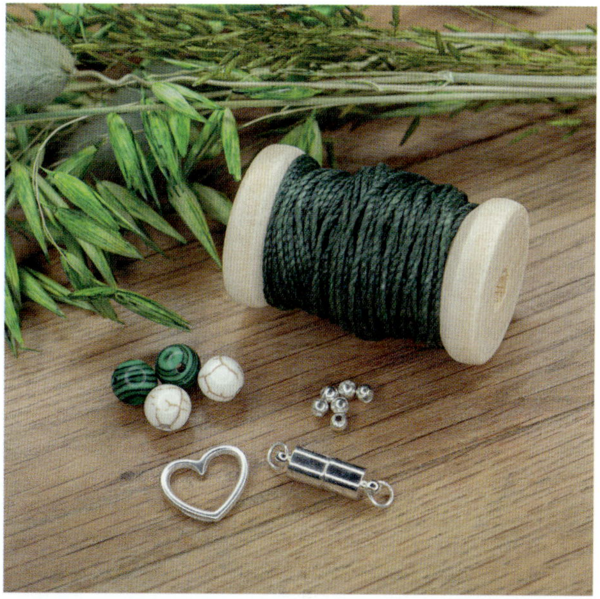

1 Du benötigst zunächst 2 Fäden mit je 0,45 m, die du rechts und links im Ankerknoten (Variante von hinten) an deinem Verbinder befestigst.

Nimm dir 2 kleine Perlen (3 mm) und ziehe jeweils rechts und links über beide Fäden eine Perle auf. Anschließend fädelst du dahinter jeweils eine große Edelsteinperle (8 mm) und nochmals je eine kleine Perle (3 mm) über beide Fäden auf.

Wiederhole dies mit 2 weiteren Edelsteinperlen (8 mm) und 2 weitere kleinen Perlen (3 mm).

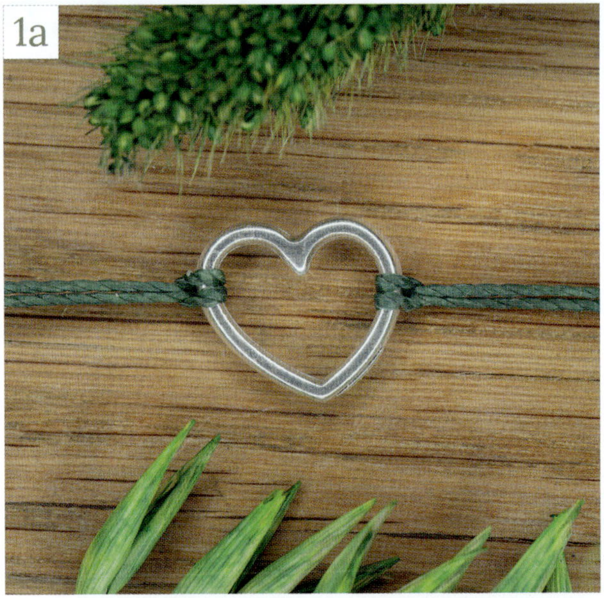
1a

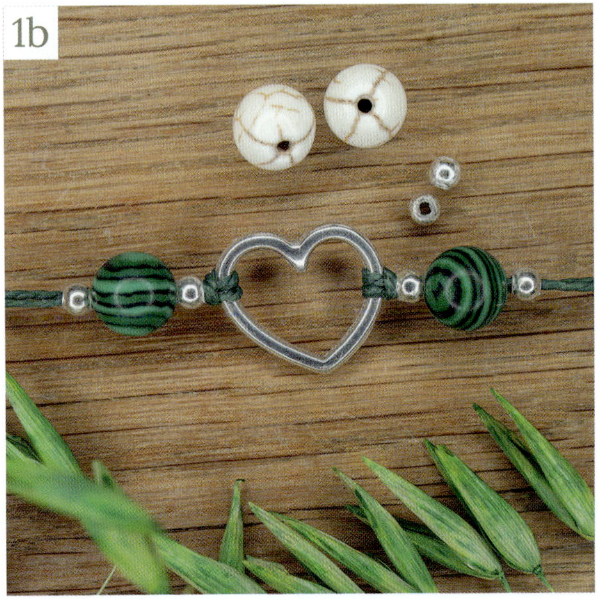
1b

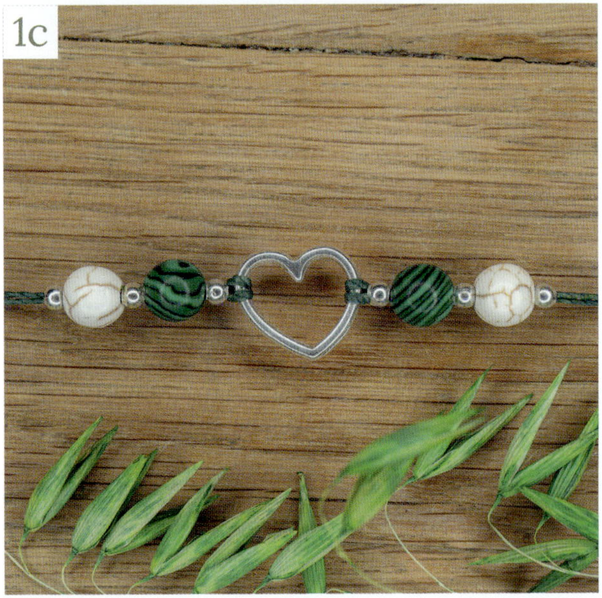
1c

2 Nimm dir einen zusätzlichen Faden mit einer Länge von 0,60 m, falte diesen in der Mitte und halte die entstandene Schlaufe am Faltpunkt unter die beiden eingespannten Mittelfäden.

Knüpfe mit den Fadenenden dieses Fadens einen Kreuzknoten um die beiden Mittelfäden.

Knüpfe 14 weitere Kreuzknoten untereinander. Schneide die seitlichen Fäden kurz ab, brenne sie an und drücke sie auf der Rückseite fest. Wiederhole diesen Schritt auch auf der anderen Seite.

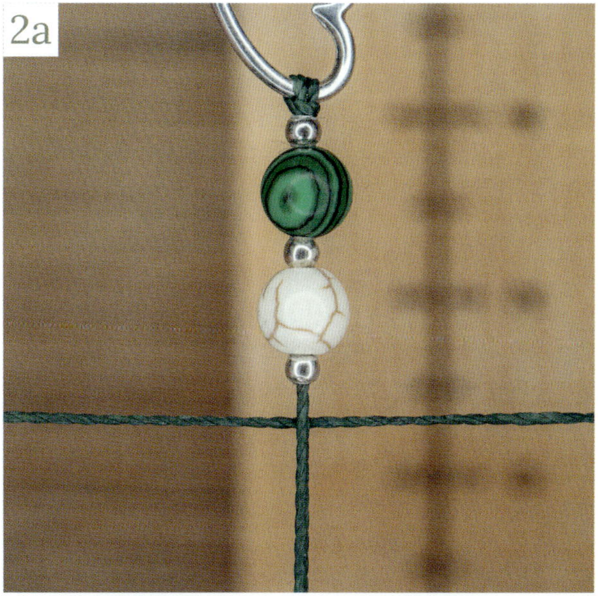

2a

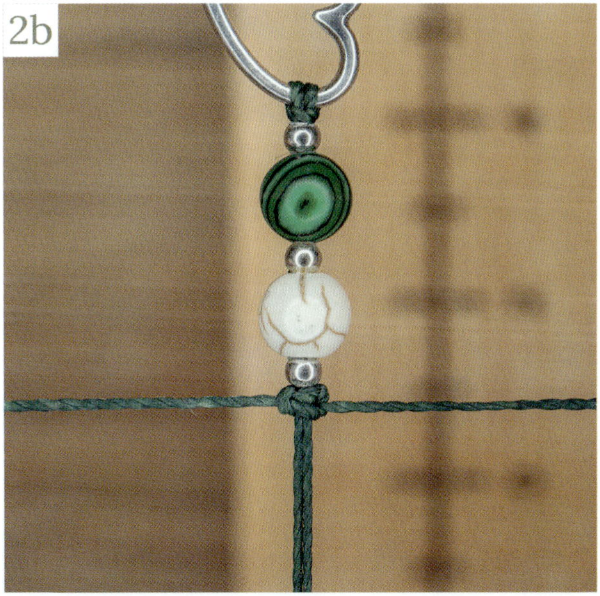

2b

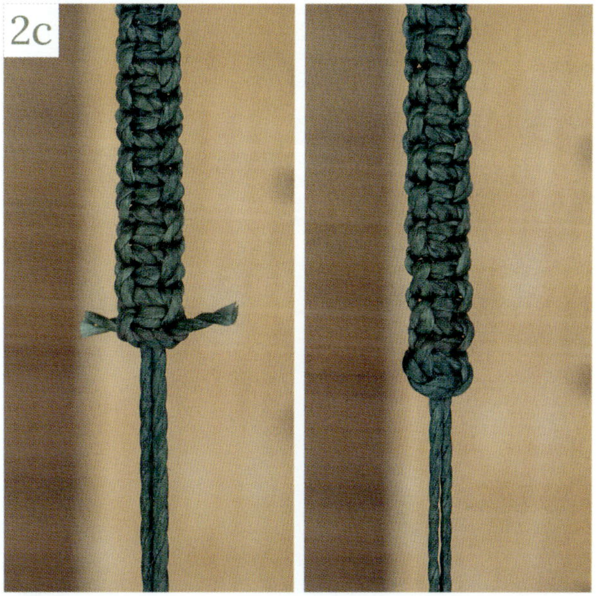

2c

3 Nimm dir den ersten Teil deines Magnetverschlusses und fädele ihn über die beiden Mittelfäden auf der Rückseite des Armbandes auf. Lege die Mittelfäden nach innen um. Lasse hierbei einen Abstand von etwa 1,2 cm zum Muster.

Nimm dir einen zusätzlichen Faden mit einer Länge von 0,30 m, falte diesen in der Mitte und halte die entstandene Schlaufe am Faltpunkt unter die Mittelfäden. Bleibe dabei dicht unter dem Ring des Magnetverschlusses. Knüpfe mit den Fadenenden dieses Fadens drei Kreuzknoten um die Mittelfäden und fülle damit die Lücke auf.

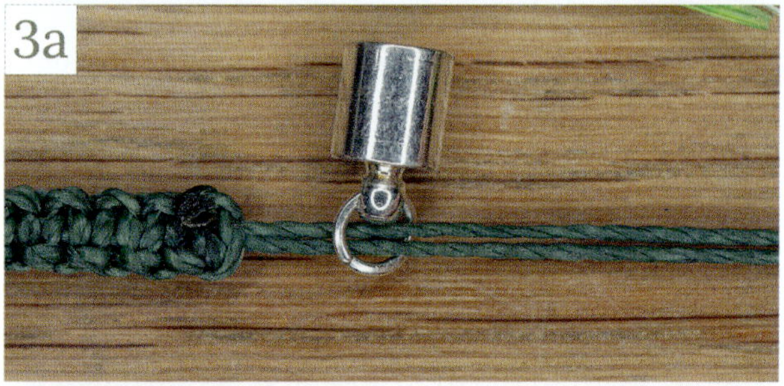
3a

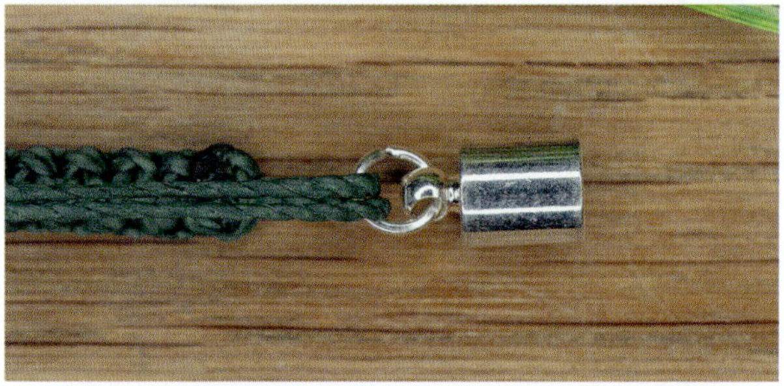

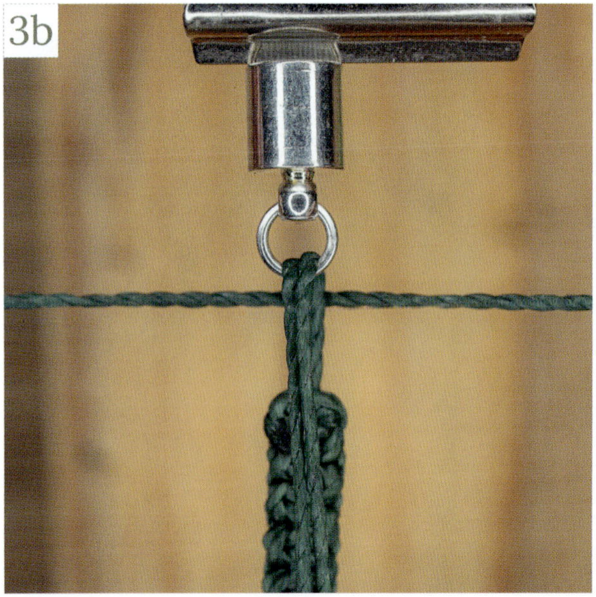
3b

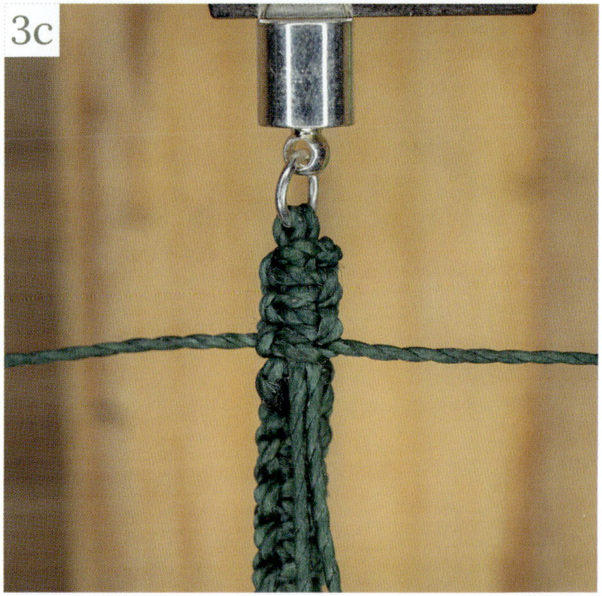
3c

4 Schneide die seitlichen Fadenenden und die Mittelfäden auf etwa 0,5 cm ab. Brenne die Enden an, lege sie um und drücke sie fest, sodass sie sich später nicht lösen können.

Diese Seite des Armbandes hat nun einen sauberen Abschluss. Wiederhole dies auch auf der anderen Seite.

Das fertige Armband hat einen Umfang von etwa 18,5 cm. Du kannst die Größe über die Anzahl der Kreuzknoten im Muster anpassen.

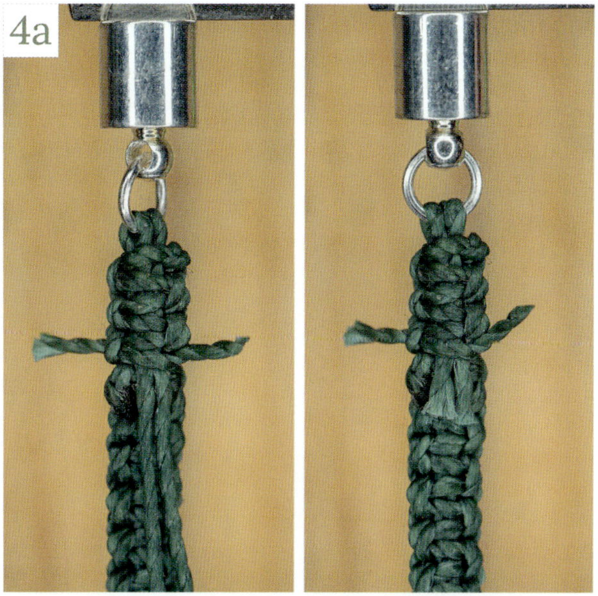
4a

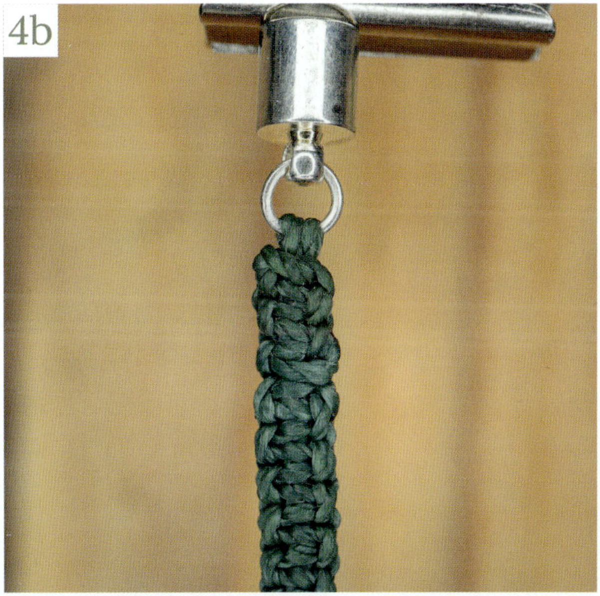
4b

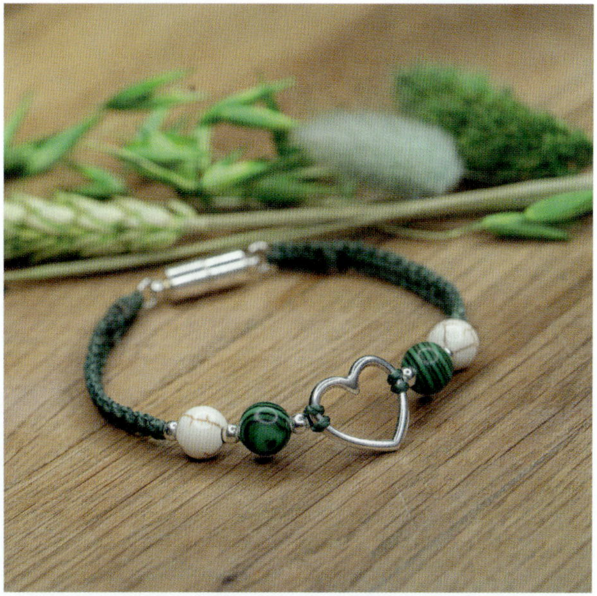

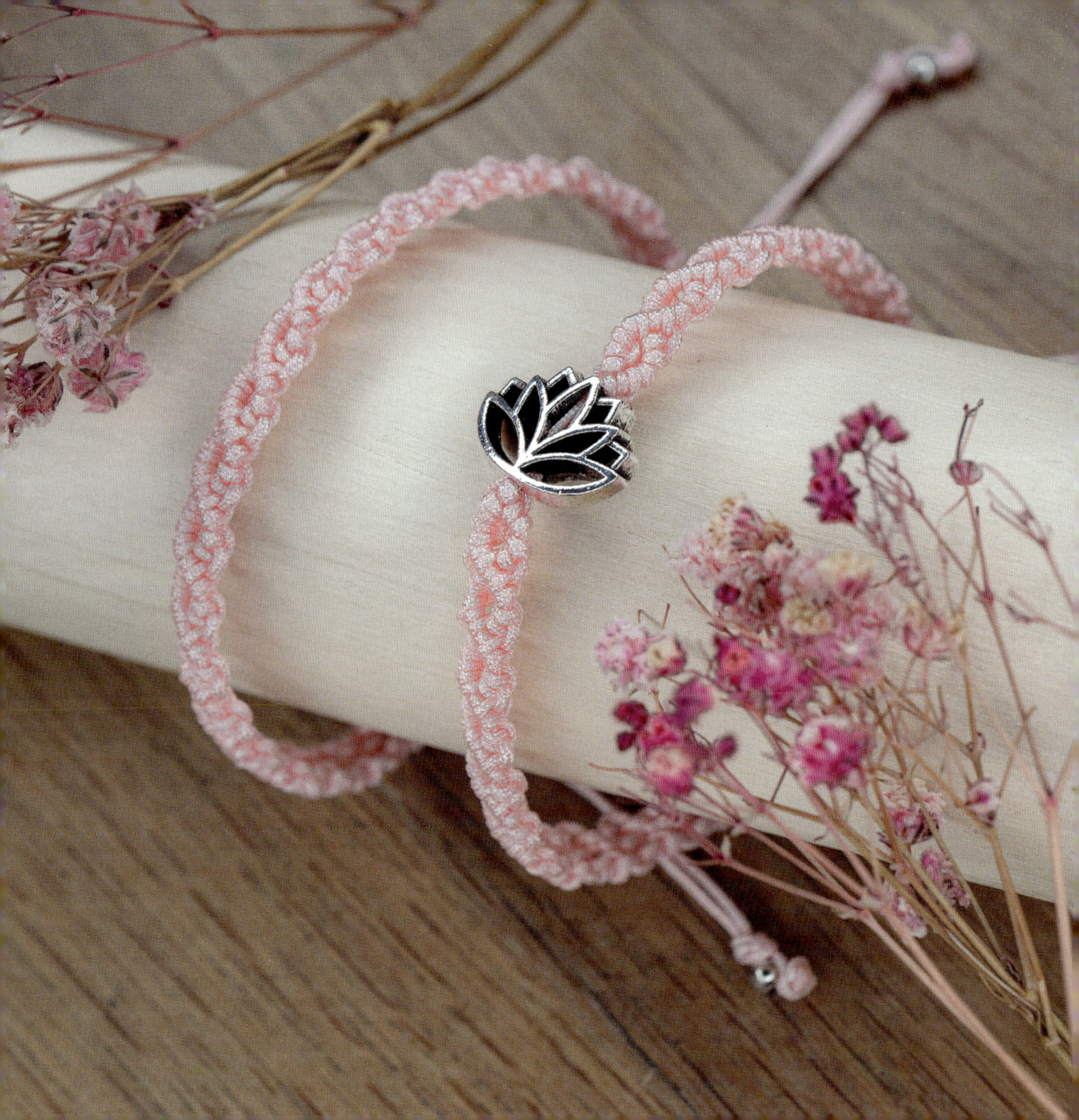

Projekt 3

Armband »Seelenblüte«

Stell dir ein Armband vor, das nicht nur schön aussieht, sondern auch eine tiefere Bedeutung trägt.

Die Lotusblume, ein Symbol für Reinheit, spirituelles Wachstum und innere Balance, verleiht diesem Armband eine besondere Ausstrahlung.

Mit einem filigranen Muster und dem edlen Lotus-Verbinder kreierst du ein Schmuckstück, das Seele und Sinne berührt.

Hinweis

Ich zeige dir dieses Armband in zwei Varianten. In der ersten Variante fügen wir einen Verbinder ein. In der zweiten Variante knüpfen wir nur das Muster – ohne Verbinder.

Du kannst dich für eine Variante entscheiden oder einfach beide knüpfen und zusammen tragen. Die Menge an Garn und der Zuschnitt ist für beide Armbänder identisch.

Materialien

- ca. 4,20 m Mikro-Makramee-Garn
- 1 Verbinder Lotusblüte (Lochgröße ca. 2 mm)
- 2 Perlen 3 mm

Damit das filigrane Muster richtig schön zur Geltung kommt, nutze für dieses Projekt ein geflochtenes Garn in der Stärke 0,8 mm bis 1 mm.

Zum Knüpfen empfehle ich dir ein Klemmbrett. Zum Auffädeln der Perlen kann eine Perlennadel hilfreich sein.

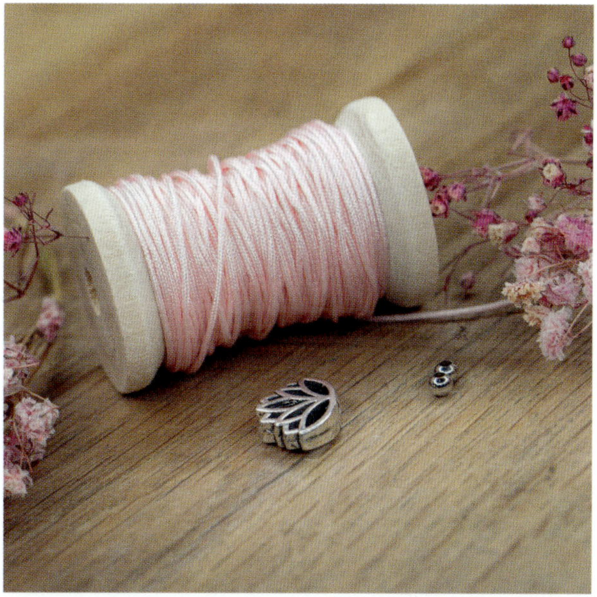

1 Variante mit Verbinder

Schneide dir 4 Fäden mit einer Länge von je 1 m zu und befestige diese mit einem Abstand von 50 cm an deinem Klemmbrett.

Wir knüpfen im Rippenknotenmuster. Schau dir hierzu auch den Tipp auf der nächsten Seite an.

Lege zunächst den dritten Faden von rechts diagonal nach links unten herüber.

Knüpfe Rippenknoten über die folgenden zwei Fäden. Beginne mit dem Faden, der sich links neben dem Führfaden befindet.

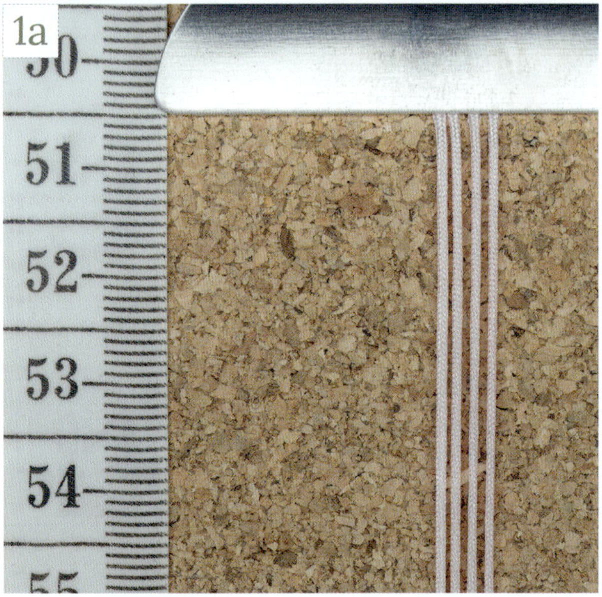

1a

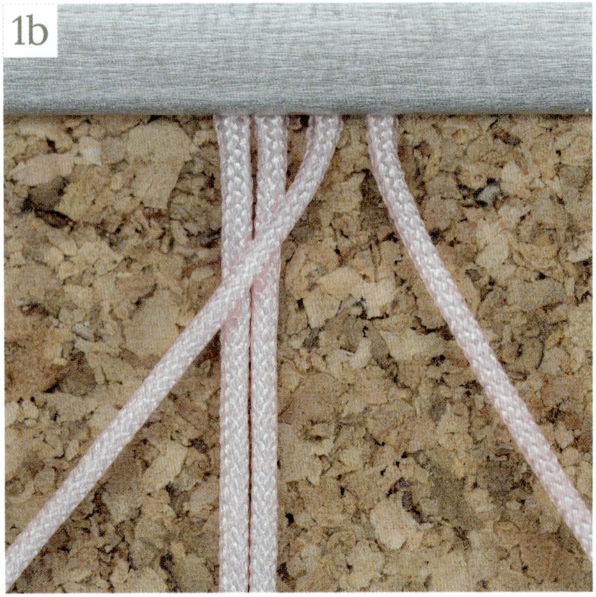
1b

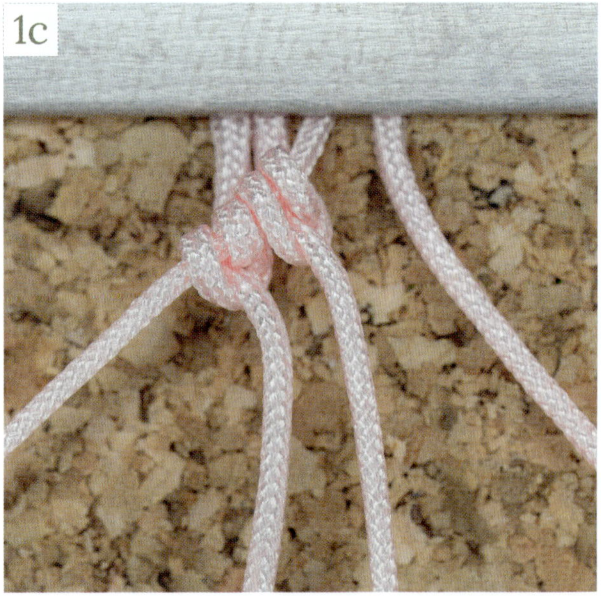
1c

2 Jetzt knüpfst du einen Rippenknoten zur anderen Seite. Nimm dir hierfür den Faden des obersten ersten Rippenknotens und lege diesen als Führfaden von links diagonal nach rechts unten herüber.

2a

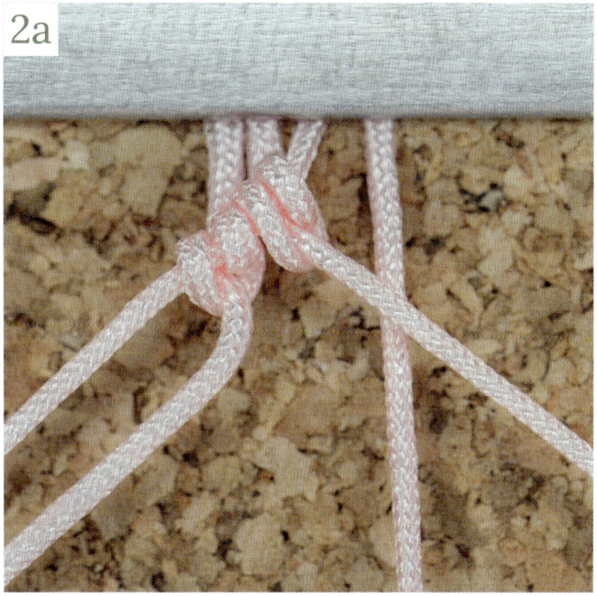

2b

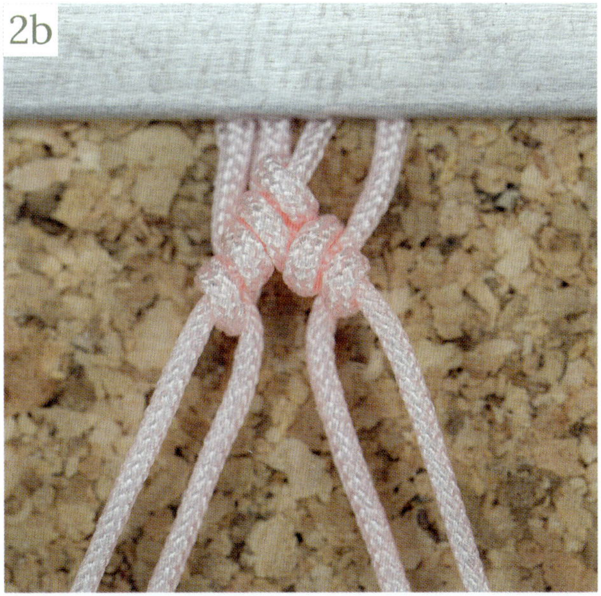

Tipp

Der Führfaden gibt immer die Richtung deiner Knotenreihe vor. Je nachdem, wie du ihn hältst, verläuft später auch deine Rippenknotenreihe. Nutze ihn daher als eine Art Navigator, der dir zeigt, wohin du die Knoten haben möchtest.

Der erste halbe Rippenknoten bestimmt dann die Position, während der zweite halbe Knoten ihn fixiert.

Für eine Rippenknotenreihe werden mehrere einzelne Rippenknoten um einen Führfaden geknüpft.

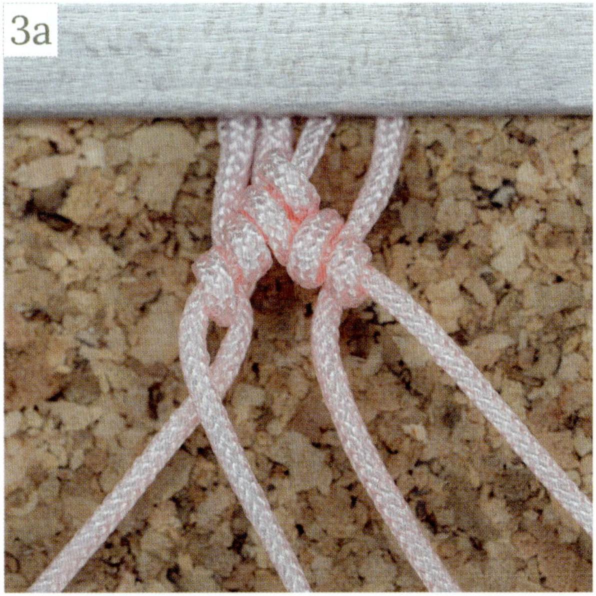

3 Nimm dir den Führfaden von der linken Seite und lege diesen diagonal nach rechts unten über den nächstfolgenden Faden.

Knüpfe einen Rippenknoten von links zur Mitte hin.

Wiederhole dies auf der anderen Seite, indem du den Führfaden der rechten Seite diagonal über den nächstfolgenden Faden nach links zur Mitte hin führst und auch hier einen Rippenknoten knüpfst.

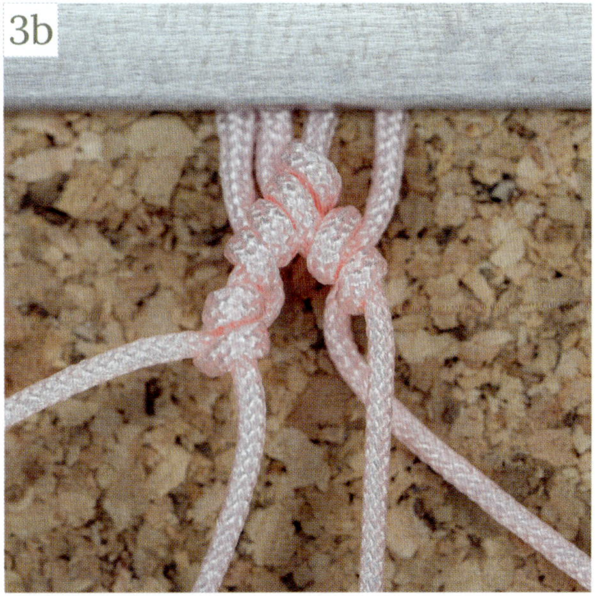

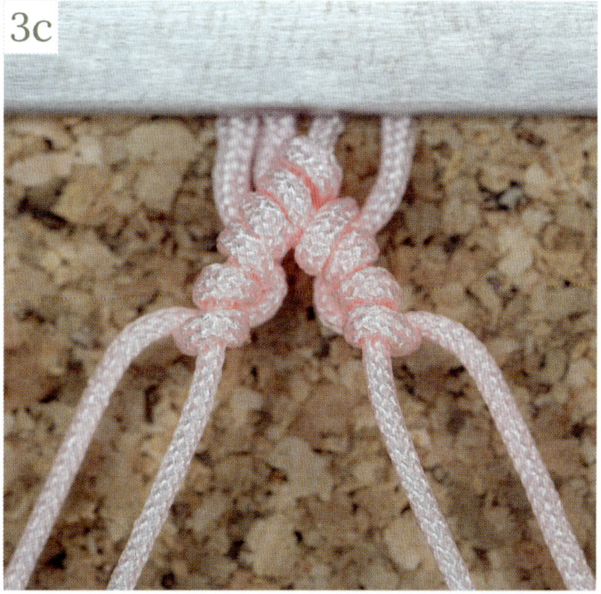

4 Lege nun den linken Führfaden diagonal über den rechten, sodass sich die Führfäden überkreuzen.

4a
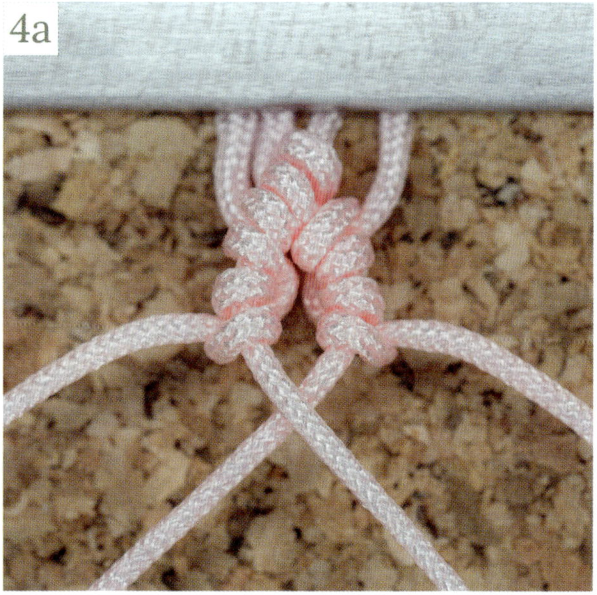

4b
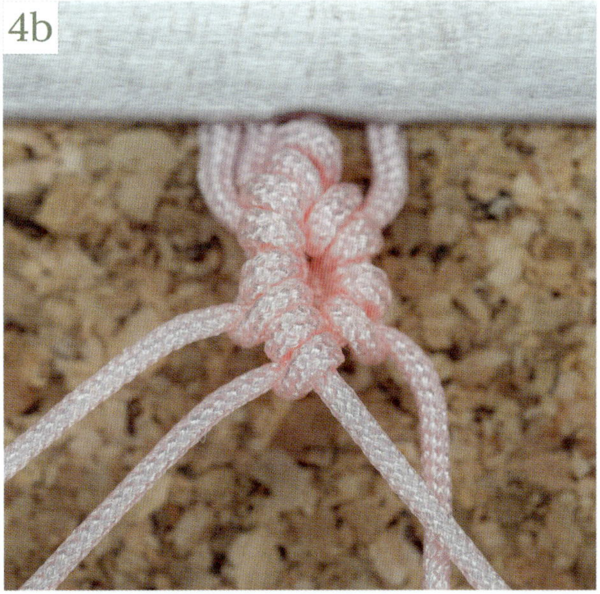

Verschließe diesen Teil des Musters, indem du einen weiteren Rippenknoten knüpfst.

Dies ist der erste Teil des filigranen Musters, das an kleine Blüten erinnert.

5 Knüpfe über den Führfaden, den du zuletzt genutzt hast, einen weiteren Rippenknoten mit dem nächstfolgenden Faden.

Lege anschließend den zweiten Faden der linken Seite als Führfaden diagonal über den ersten nach links unten.

Umknüpfe diesen Führfaden mit einem Rippenknoten.

Setze das Muster für etwa 6,5 cm fort, indem du die Schritte 3 bis 5 wiederholst.

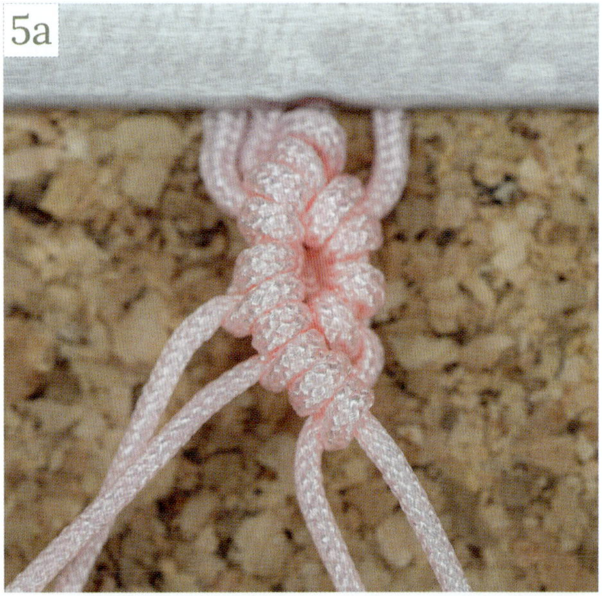

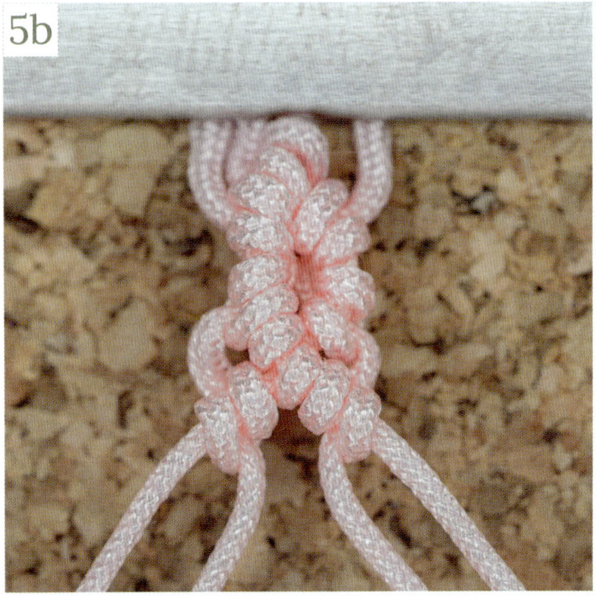

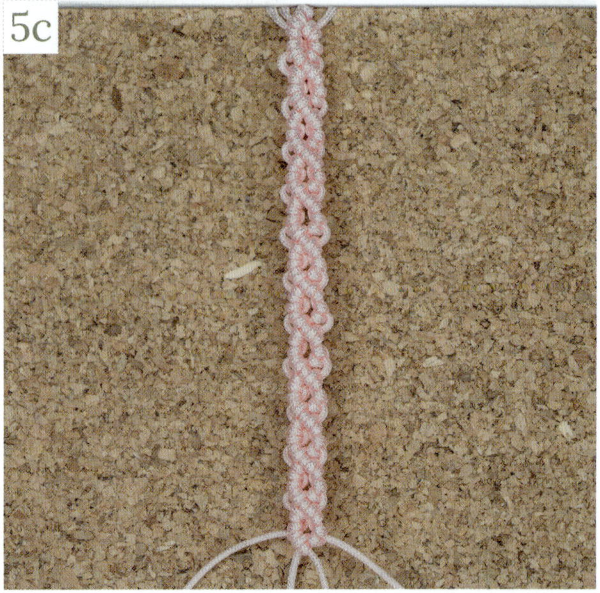

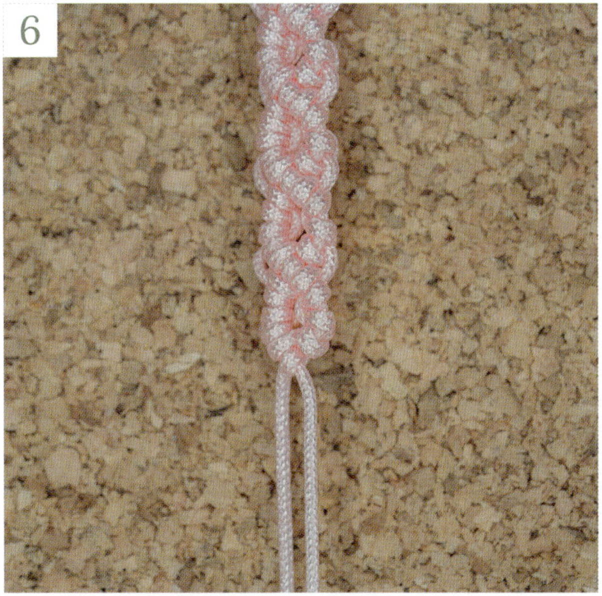

6 Kürze die seitlichen Fadenenden auf etwa 0,7 cm, brenne die Enden an, schlage sie nach innen um und drücke sie auf der Rückseite fest.

7 Löse das Projekt vom Klemmbrett und drehe es einmal so um, dass du nun auf der anderen Seite mit den 4 langen Fäden arbeiten kannst.

Fädele jetzt die Lotusblüte über alle 4 Fäden auf.

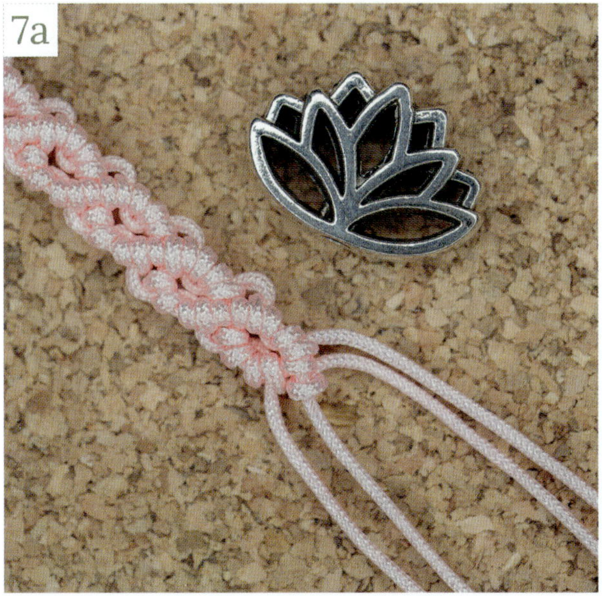

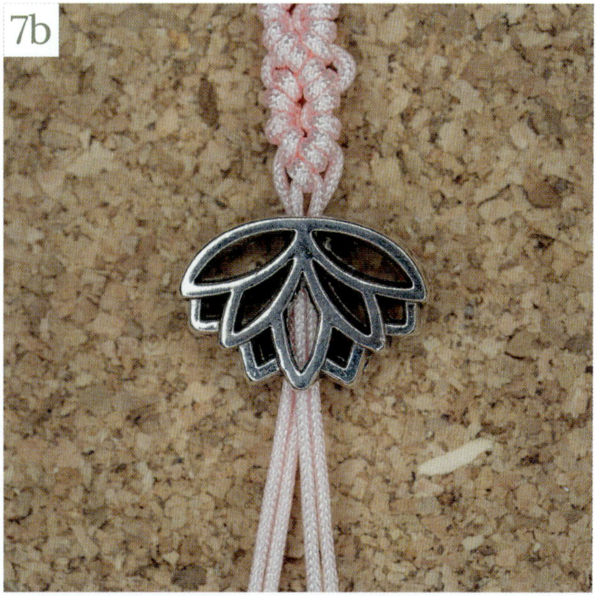

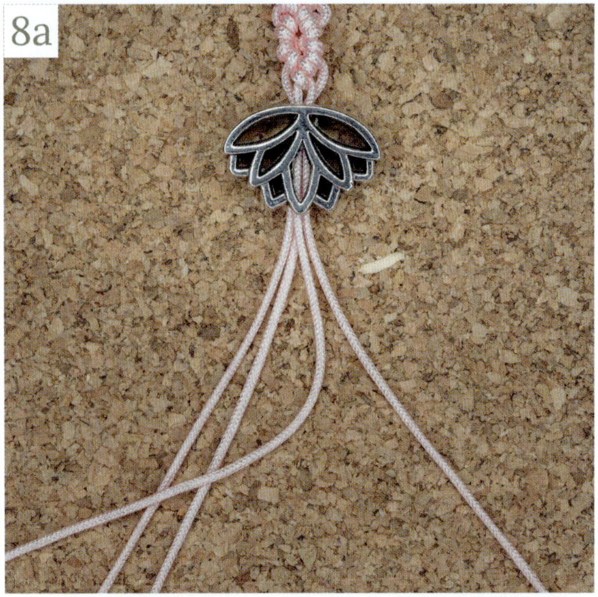
8a

8 Wiederhole die Schritte 1 bis 6 auch auf dieser Seite mit einer kleinen Änderung: In Schritt 4 lege nun den *rechten Führfaden diagonal über den linken* und knüpfe so das Muster spiegelverkehrt. Im Gesamtbild ergibt dies am Ende ein einheitliches Muster.

Knüpfe auch auf dieser Seite das Muster für etwa 6,5 cm.

Dein Armband ist nun fertig geknüpft und bereit für den Verschluss.

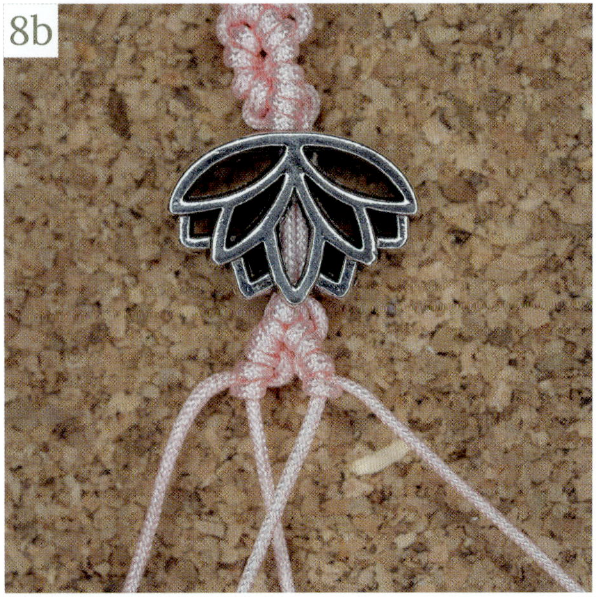
8b

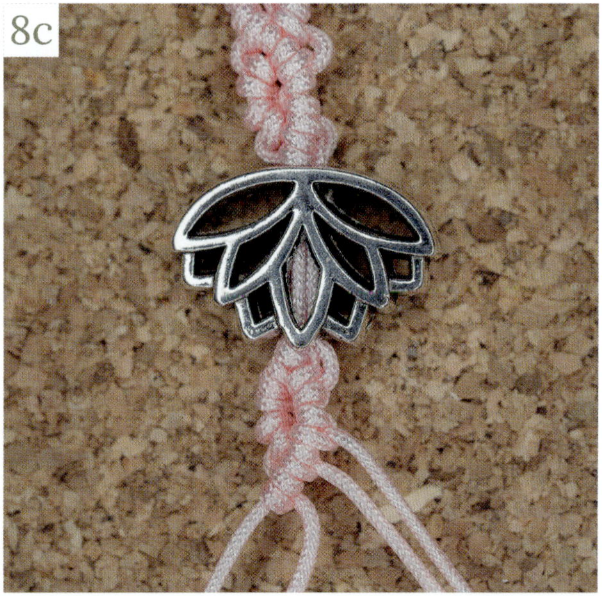
8c

8d

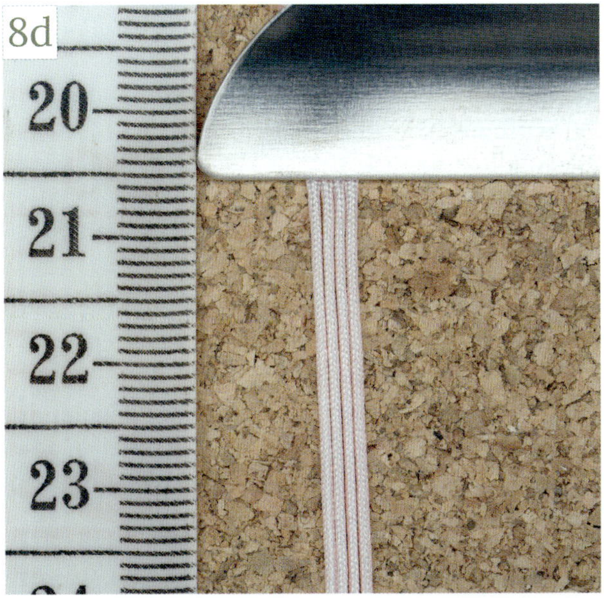

Abwandlung – Variante ohne Verbinder

Wenn du das Armband ohne Verbinder knüpfen möchtest, schneide dir auch für diese Variante 4 Fäden mit einer Länge von je 1 m zu. Befestige diese jedoch nur mit einem Abstand von etwa 20 cm an deinem Klemmbrett.

Knüpfe das Muster wie in den Schritten 1 bis 5 beschrieben etwa 14 cm lang.

9 Beide Varianten

Forme dein geknüpftes Stück zu einem Kreis und führe die Mittelfäden aneinander vorbei. In der Mitte, wo die Fäden sich treffen, wird im nächsten Schritt der Verschluss geknüpft.

8e

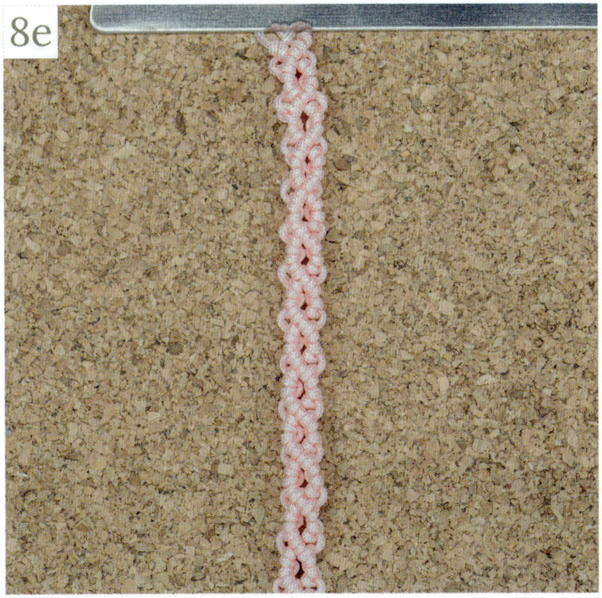

9

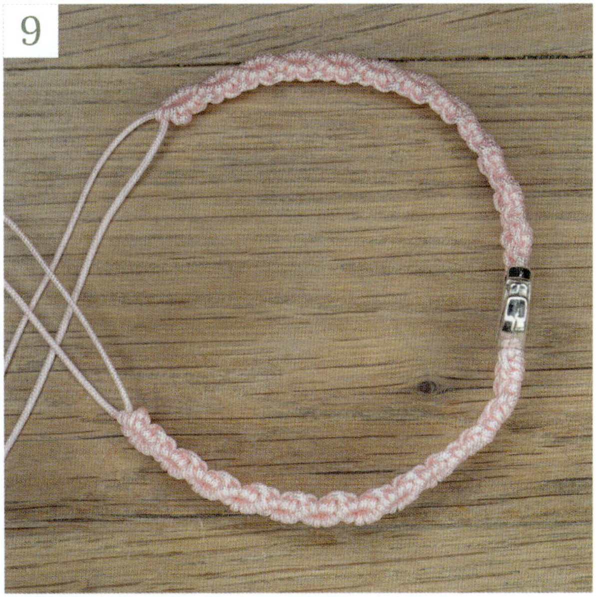

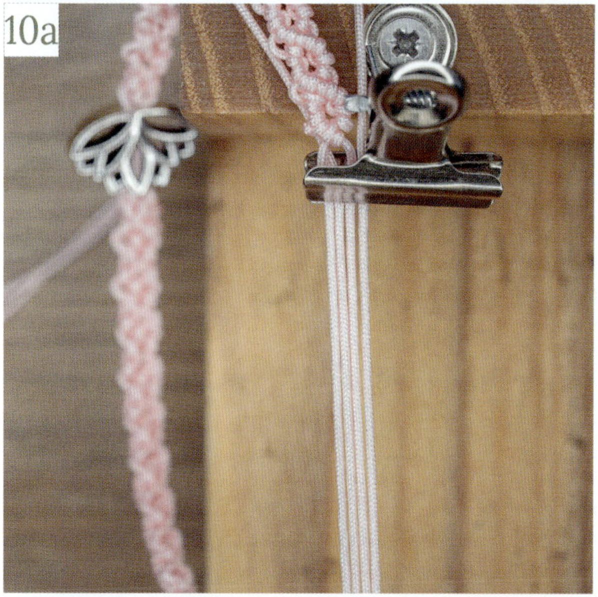
10a

10 Verschluss

Ob du dich für die Variante mit oder ohne Verbinder entschieden hast – der Verschluss ist für beide derselbe.

Befestige dein Projekt so, dass die 2 Fäden der Mittelfäden jeweils nebeneinanderliegen.

Schneide dir einen zusätzlichen Faden mit einer Länge von 0,20 m zurecht, falte diesen mittig und halte ihn am Faltpunkt unter die Mittelfäden. Knüpfe mit diesem zusätzlichen Faden drei Kreuzknoten untereinander.

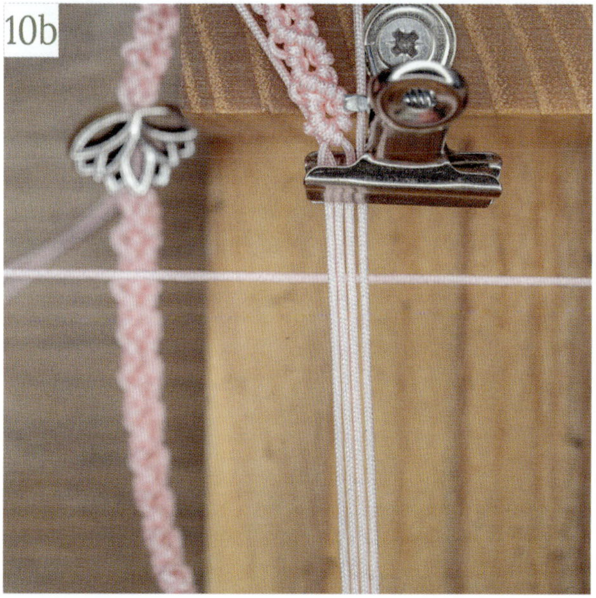
10b

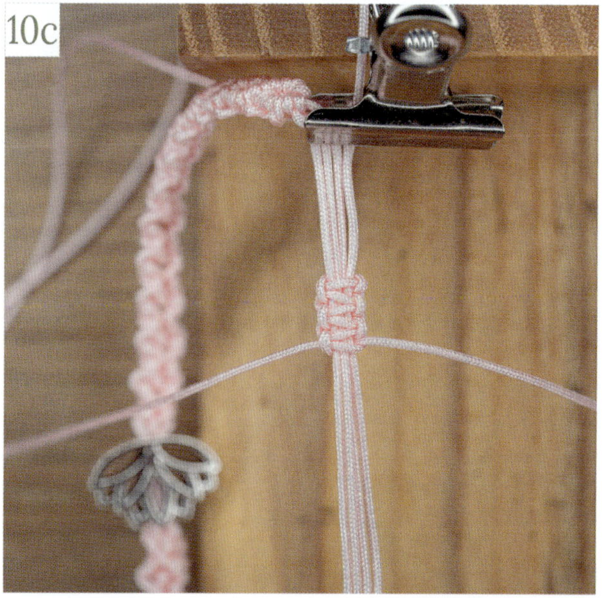
10c

11a

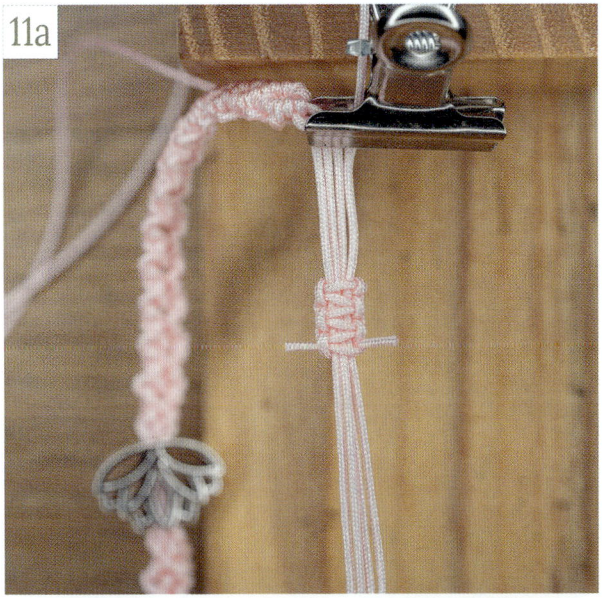

11 Fertigstellung

Kürze die seitlichen Fadenenden auf etwa 0,5 cm, brenne die Enden an, lege sie nach innen um und drücke sie auf der Rückseite fest.

Für die Fertigstellung ziehe das Armband so weit auseinander, dass du es gut über das Handgelenk bekommst, und lasse es so weit geöffnet. Setze einen Knoten an beiden Fadenenden im Abstand von etwa 1,5 cm zum Verschluss. Ziehe auf beiden Seiten eine Perle auf und fixiere diese mit einem weiteren Knoten. Kürze die Enden hinter dem Knoten und brenne die überstehenden Reste ab.

11b

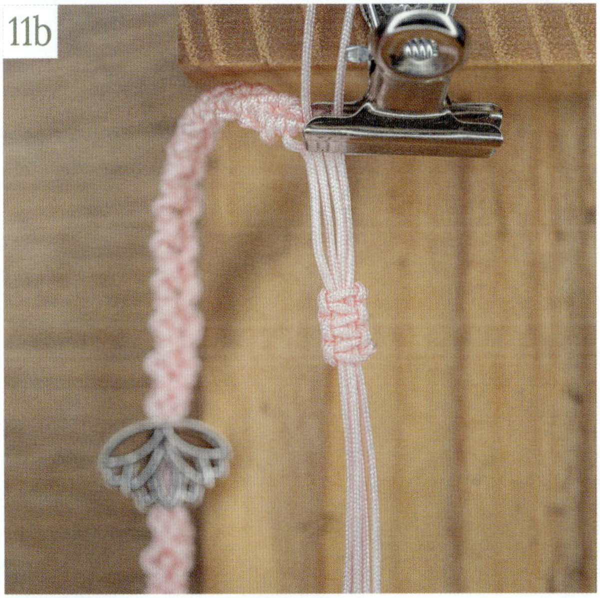

11c

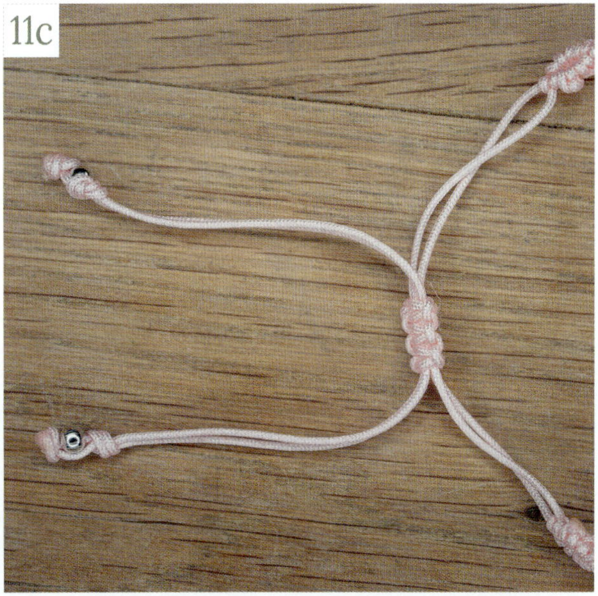

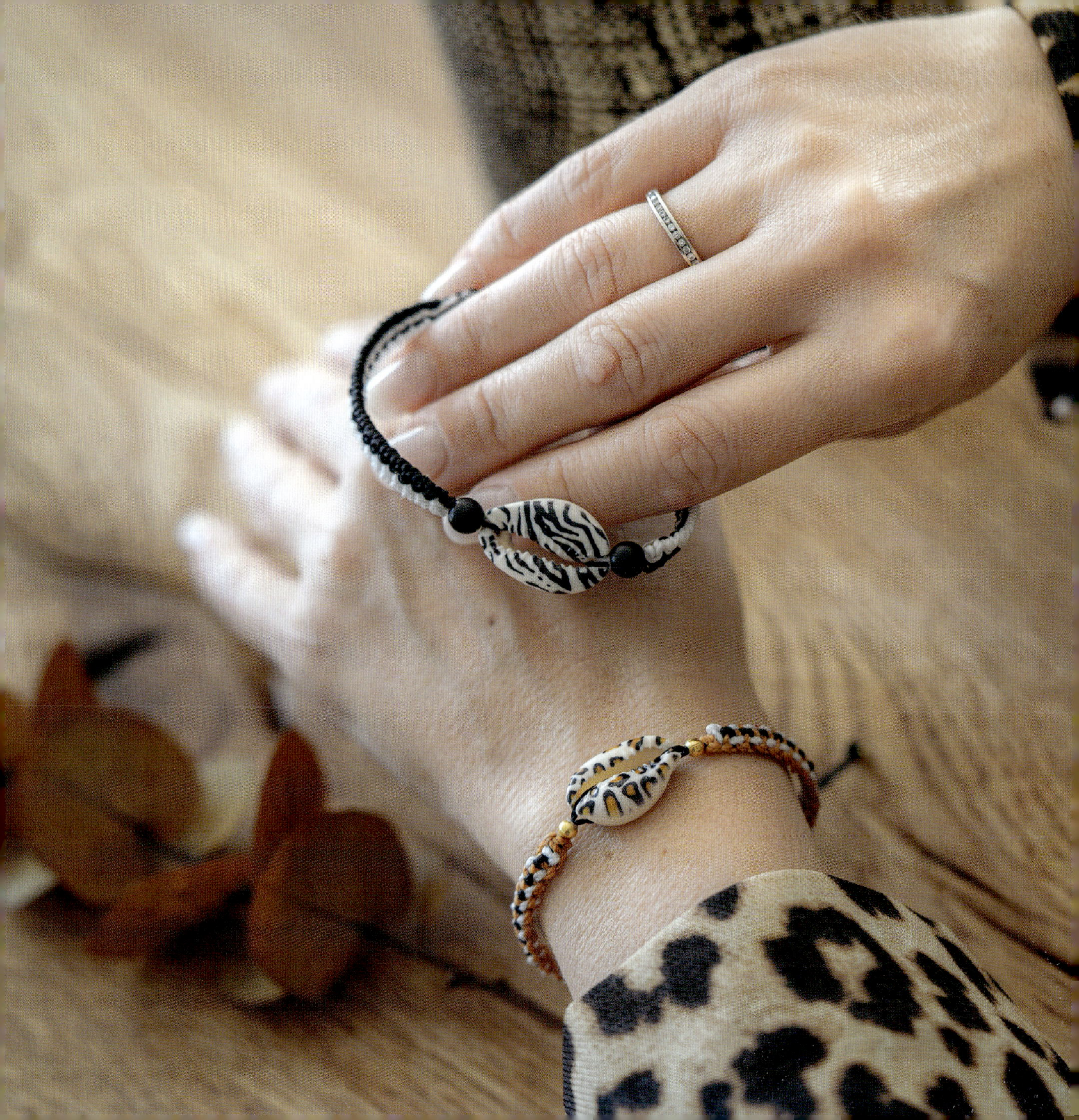

Projekt 4

Armbänder »Safari-Style«

Animal-Prints sind seit eh und je ein großes Thema in der Modewelt. Egal, ob Zebra-Look oder Leo-Aufdrucke: Die tierischen Muster fallen auf und setzen immer wieder neue Trends. Es wird Zeit, diese Trends auch in die Welt des Makramee zu holen.

Ich zeige dir, wie du dir stylische Armbänder zu deinem tierisch coolen Outfit knüpfst.

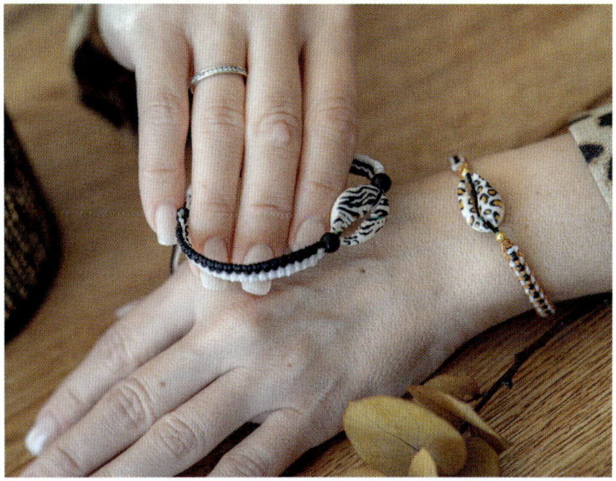

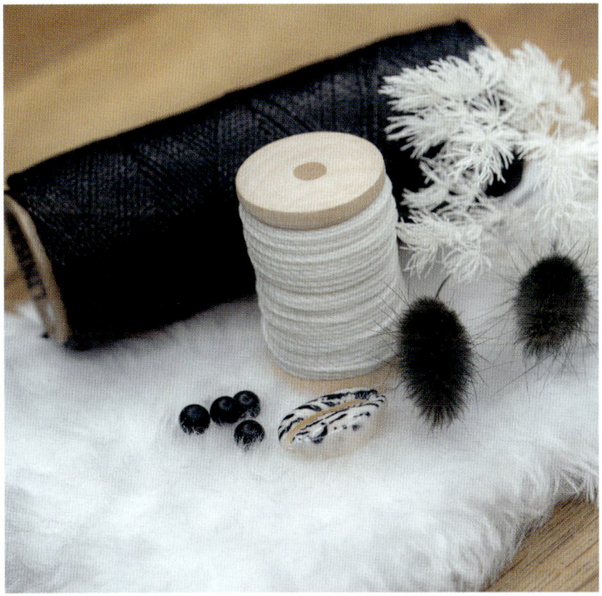

Materialien für Armband »Zebra«

- 1 Muschelverbinder »Zebra«
- 4 schwarze Perlen (Größe 6 mm)
- ca. 3,55 m Mikro-Makramee-Garn (ca. 1,65 m schwarz und ca. 1,90 m weiß)

Zum Knüpfen empfehle ich dir einen Armband-Maker. Zum Auffädeln der Perlen kann eine Perlennadel hilfreich sein.

1a
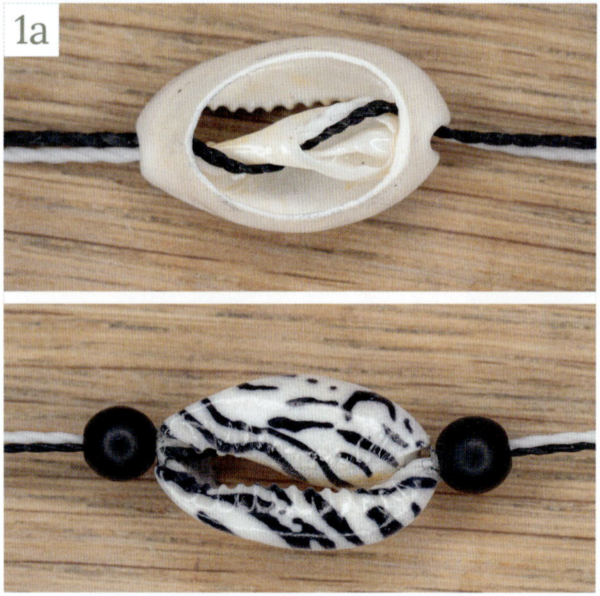

1 Schneide dir zunächst je einen Faden mit einer Länge von 0,60 m, sowie je einen Faden mit einer Länge von 0,45 m zu. Und zwar beide Längen sowohl in Schwarz als auch in Weiß.

Nimm die beiden 0,45 m langen Fäden und befestige mittig die Muschel darauf. Nutze hierfür das innere Loch der Muschel. Reihe auf jeder Seite je eine schwarze Perle über beide Fäden auf.

Befestige je einen 0,60 m langen Faden derselben Farbe im Ankerknoten auf den Mittelfäden. Nimm die Fäden dabei nicht doppelt, sondern lasse sie auf einer Seite nur so lang, dass du den Ankerknoten damit gut knüpfen kannst.

1b
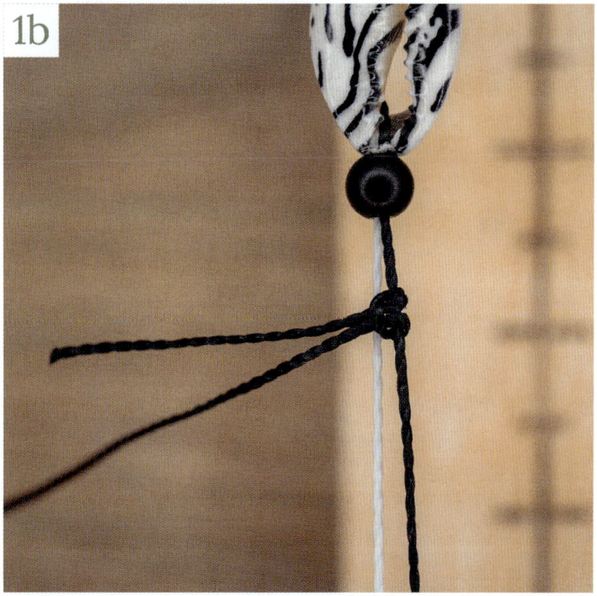

1c
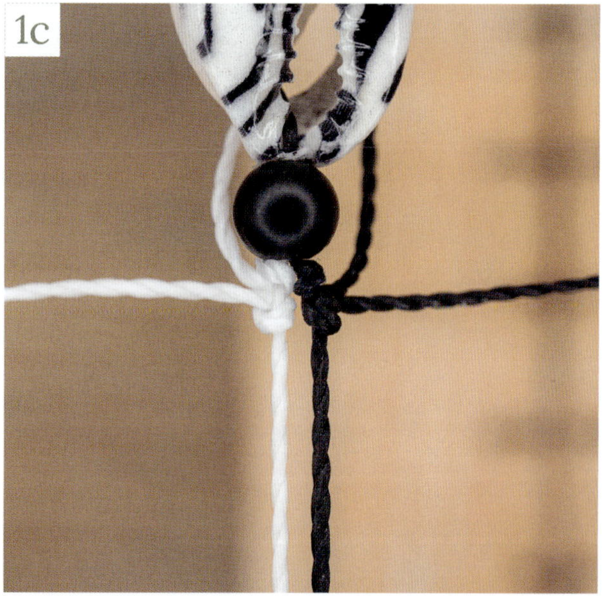

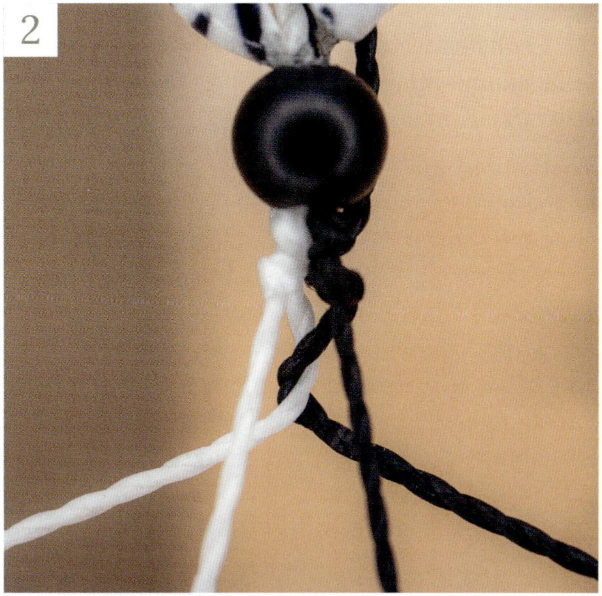
2

2 Schiebe die Ankerknoten direkt unter die Perle. Die kurzen Fadenenden kannst du nach hinten legen. Diese werden später abgebrannt. Mit den langen Fadenenden wird geknüpft. Um die Ankerknoten zu verbinden, verdrehe zunächst die beiden Fäden zweimal ineinander.

3 Führe nun zunächst den weißen Faden von unten über den weißen Mittelfaden und schiebe die entstandene Schlaufe nach oben. Führe denselben Faden anschließend unter den weißen Mittelfaden, durch die entstandene Schlaufe hindurch, um den seitlichen Ankerknoten zu vollenden.

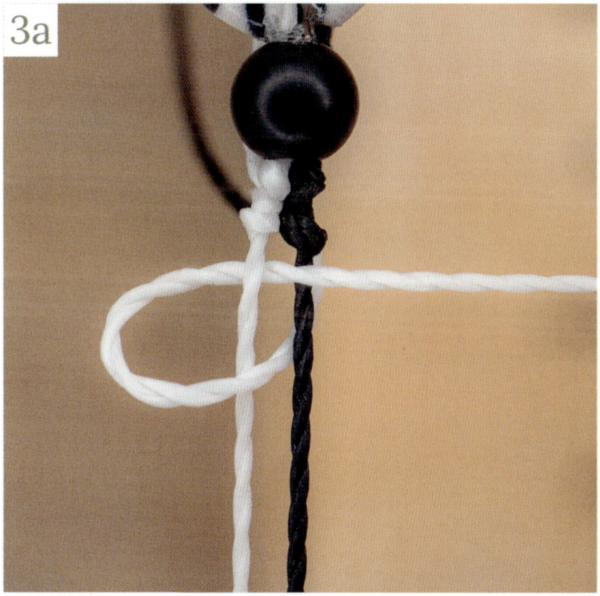
3a

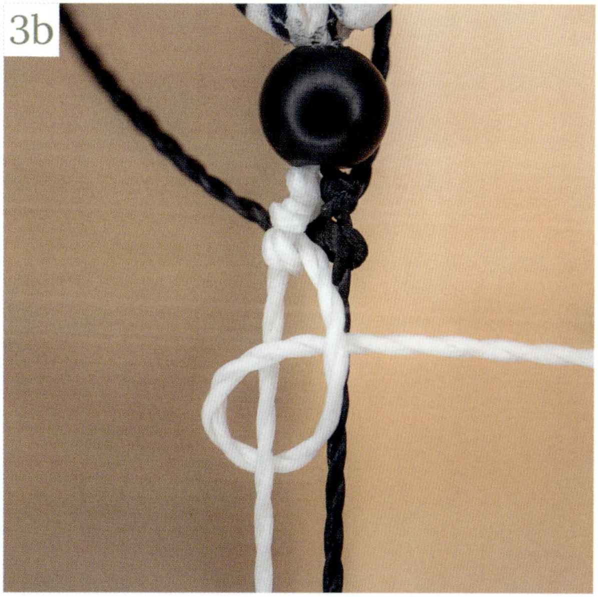
3b

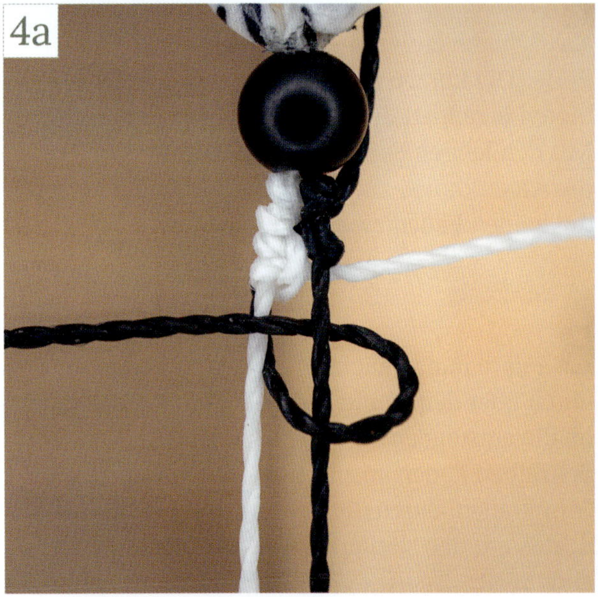

4a

4 Lege den weißen Faden unter die beiden Mittelfäden und führe ihn zur rechten Seite hinter die schwarze Knotenreihe.

Wiederhole nun Schritt 3 auf der anderen Seite, indem du den schwarzen Faden von unten über den schwarzen Mittelfaden ziehst. Schiebe die entstandene Schlaufe nach oben. Führe den schwarzen Faden anschließend unter den schwarzen Mittelfaden hindurch, um den seitlichen Ankerknoten zu vollenden. Lege den schwarzen Faden unter die beiden Mittelfäden zur linken Seite hinter die weiße Knotenreihe.

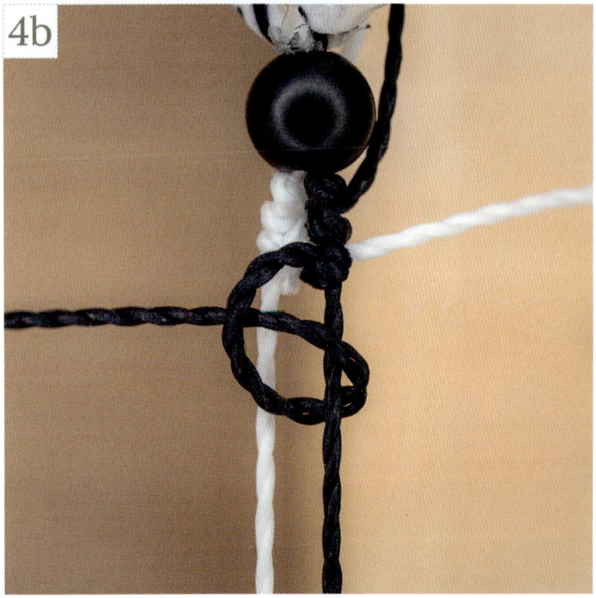

4b

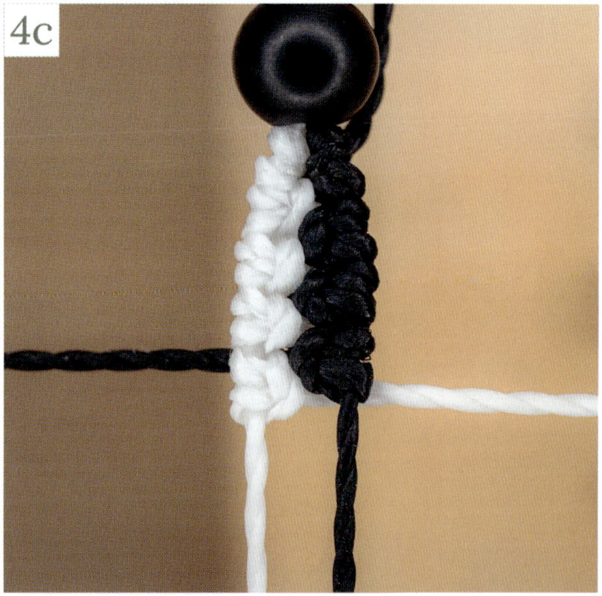

4c

5 Setze das Muster für etwa 6 cm fort, indem du die Schritte 3 und 4 stetig wiederholst.

Beende das Muster mit zwei untereinander geknüpften Kreuzknoten (Abbildung 5b).

Kürze sowohl die Fadenenden am Anfang als auch am Ende, brenne die Enden an und drücke sie auf der Rückseite fest (Abbildung 5c).

Knüpfe dasselbe Muster auch auf der anderen Seite. Wenn du magst, vertausche die beiden Farben.

5a
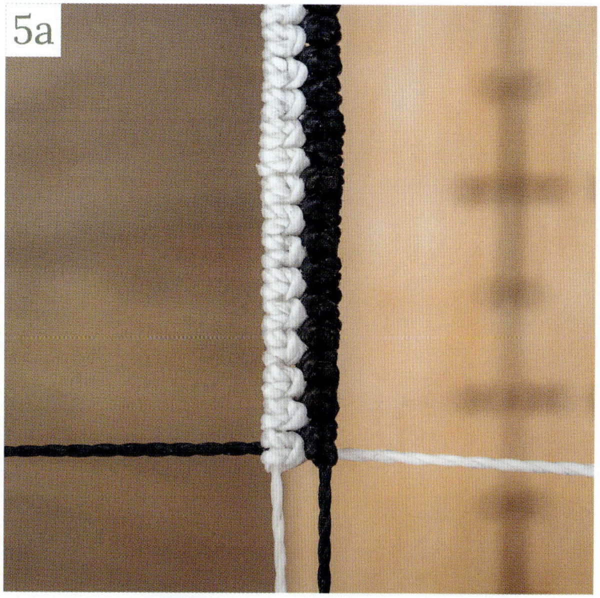

5b
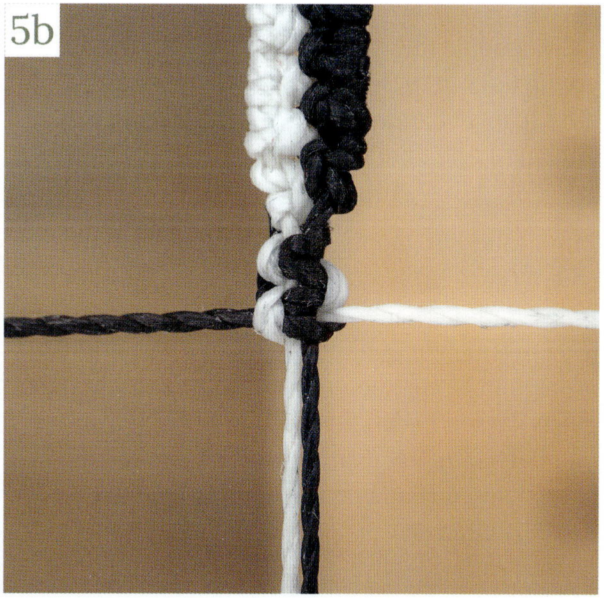

5c
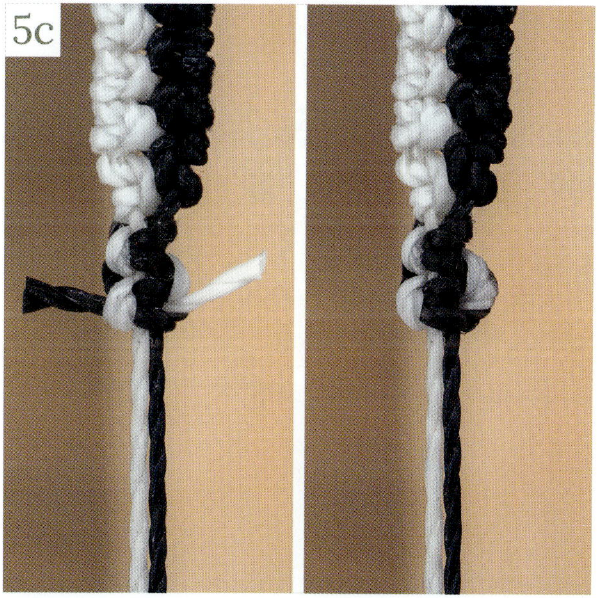

Materialien für Armband »Leo«

- 1 Muschelverbinder »Leo«
- 4 goldene Perlen (Größe 4 mm)
- ca. 4,30 m Mikro-Makramee-Garn (ca. 1,90 m Zimt, ca. 1,40 m Schwarz und ca. 1,00 m Weiß)

Zum Knüpfen empfehle ich dir einen Armband-Maker. Zum Auffädeln der Perlen kann eine Perlennadel hilfreich sein.

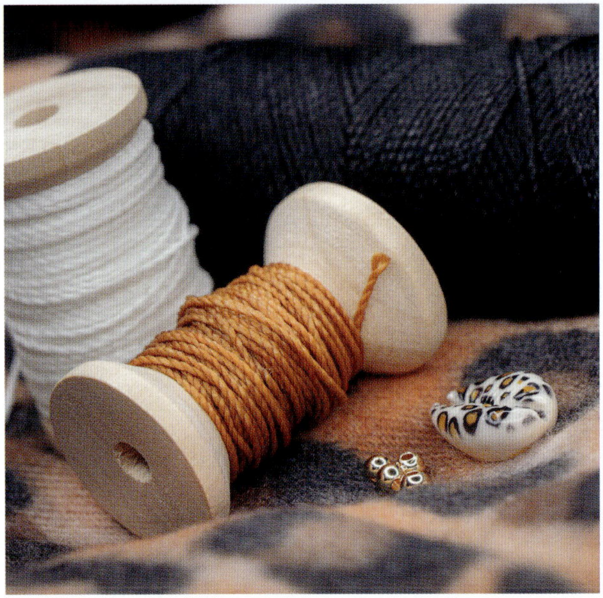

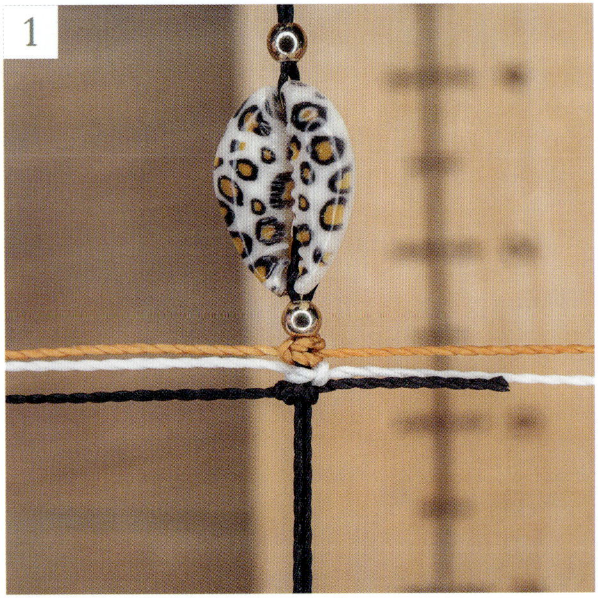

1 Schneide dir zwei Fäden mit einer Länge von je 0,45 m in Schwarz zu und befestige mittig die Muschel darauf. Ziehe auf jeder Seite je eine goldene Perle über beide Fäden auf.

Nimm dir einen 0,80 m langen Faden in der Farbe Zimt, falte ihn doppelt und befestige ihn mit einem (ganzen) Kreuzknoten auf den Mittelfäden. Reihe darunter einen weiteren Faden in der Länge 0,50 m (doppelt genommen) in der Farbe Weiß im halben Kreuzknoten auf. Als letztes schneide einen kurzen Faden von 0,25 m in Schwarz zu und befestige ihn ebenfalls mit einem halben Kreuzknoten (Faden nicht doppelt nehmen) auf den Mittelfäden.

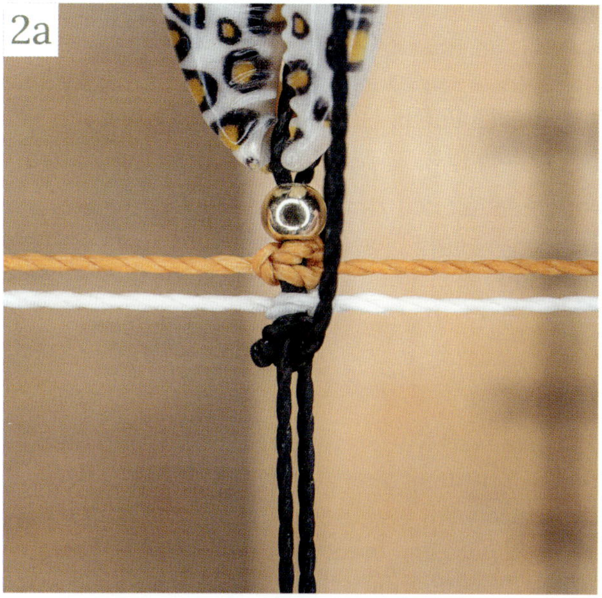
2a

2 Um das Leo-Muster zu knüpfen, umknoten wir die beiden Mittelfäden im Kreuzknotenmuster mit den zimtfarbenen Fäden. Allerdings fügen wir nach jedem halben Knoten abwechselnd die weißen sowie den schwarzen Faden mit ein.

Im ersten Teil des Musters führe den schwarzen Faden durch die beiden Mittelfäden nach oben hindurch und lege ihn nach hinten (Abbildung 2a).

Die beiden weißen Fäden liegen rechts und links neben den Mittelfäden (Abbildung 2b).

Knüpfe mit den zimtfarbenen Fäden den ersten halben Kreuzknoten (Abbildung 2c).

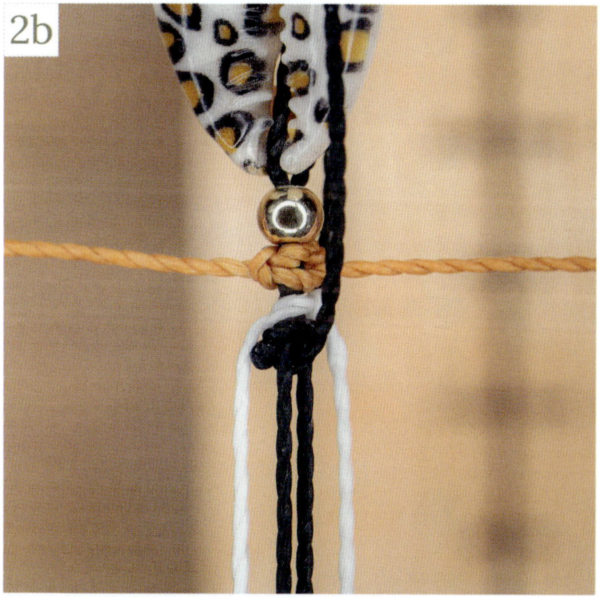
2b

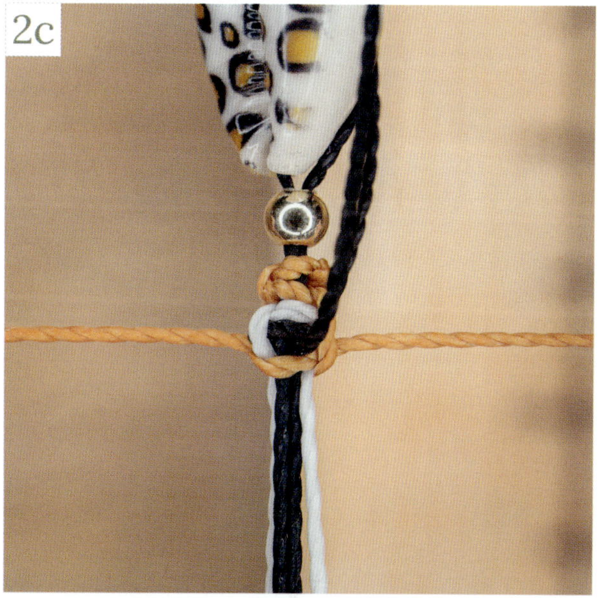
2c

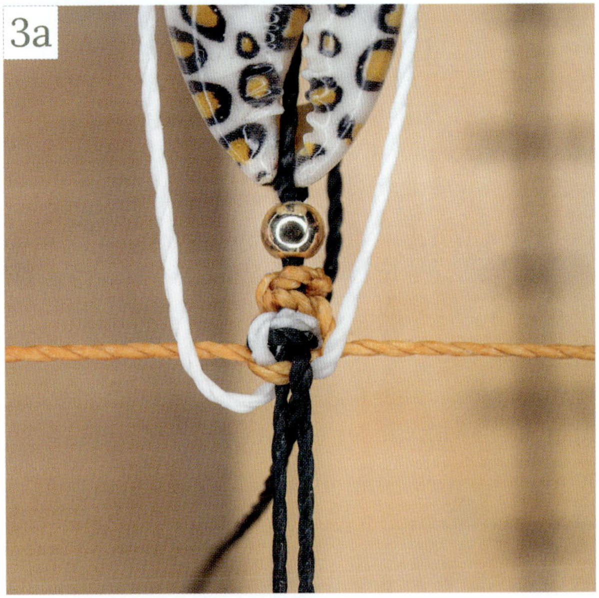
3a

3 Für den zweiten Teil des Musters führe nun den schwarzen Faden zwischen die beiden Mittelfäden nach unten. Lege die beiden weißen Fäden nach hinten.

Vollende mit den zimtfarbenen Fäden den Kreuzknoten. Knüpfe hierfür einen halben Kreuzknoten – diesmal aber von der anderen Seite.

4 Setze das Muster für etwa 6 cm fort, indem du die Schritte 2 und 3 stetig wiederholst. Beende das Muster mit zwei untereinander geknüpften Kreuzknoten und brenne die seitlichen Enden ab. Wiederhole dies auch auf der anderen Seite.

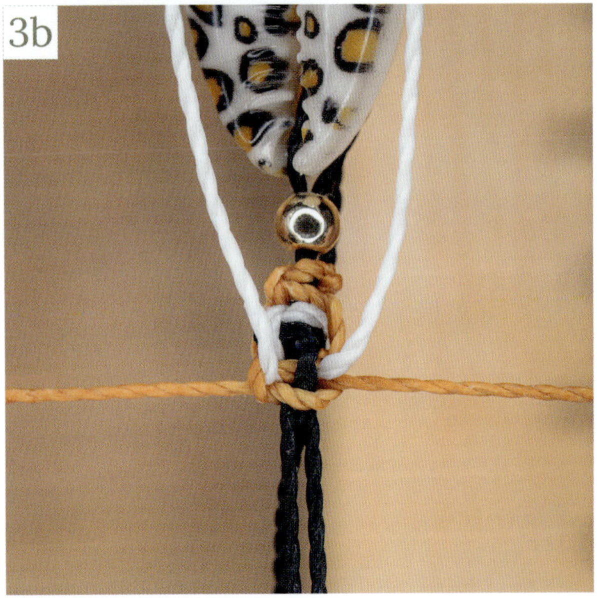
3b

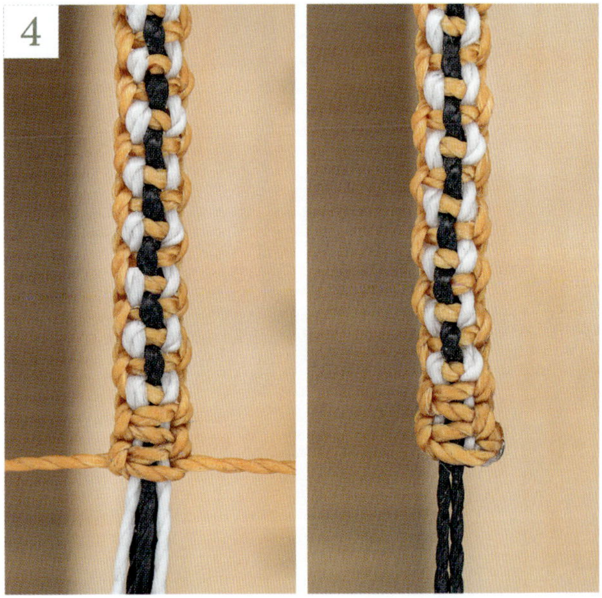
4

5a

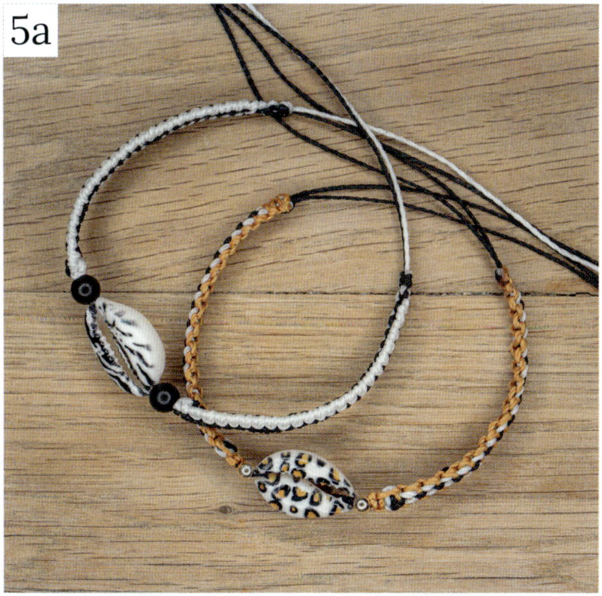

5 Fertigstellung – beide Varianten

Egal, für welche Mustervariante du dich entschieden hast, der Abschluss ist für beide Varianten derselbe.

Forme dein geknüpftes Stück zu einem Kreis und führe die Mittelfäden aneinander vorbei. In der Mitte, wo sich die Fäden treffen, wird der Verschluss geknüpft. Hierfür benötigst du einen zusätzlichen, ca. 0,30 m langen Faden.

Ziehe auf beiden Seiten eine Perle auf und fixiere diese mit einem einfachen Knoten. Überstehende Enden brennst du ab.

Schaue dir für die Fertigstellung die Schritte 5 bis 8 aus Projekt 1 »Südseetraum« an.

5b

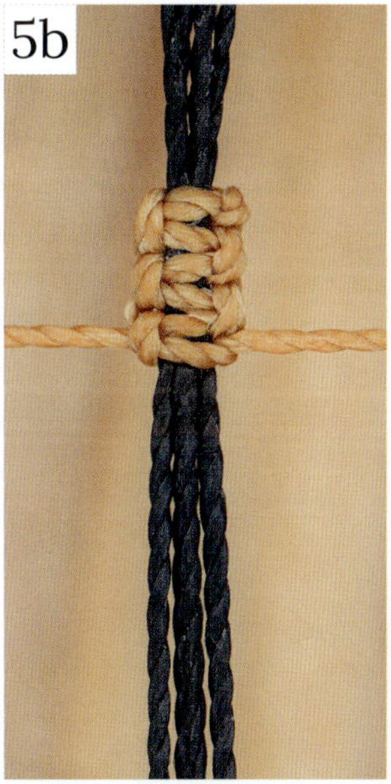

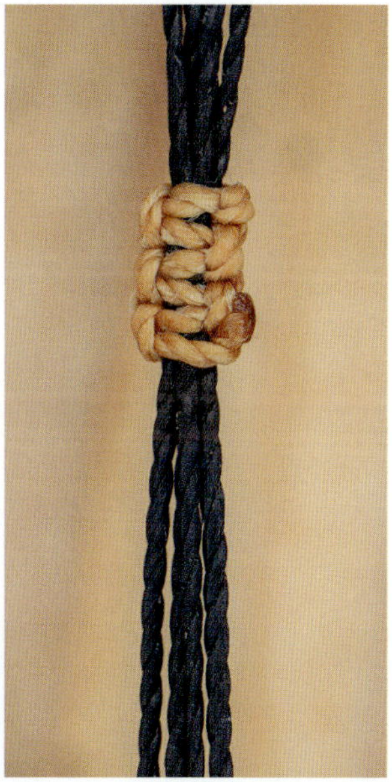

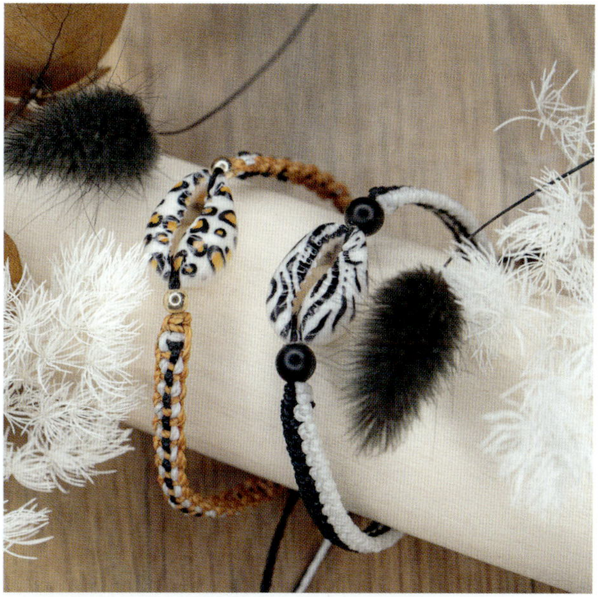

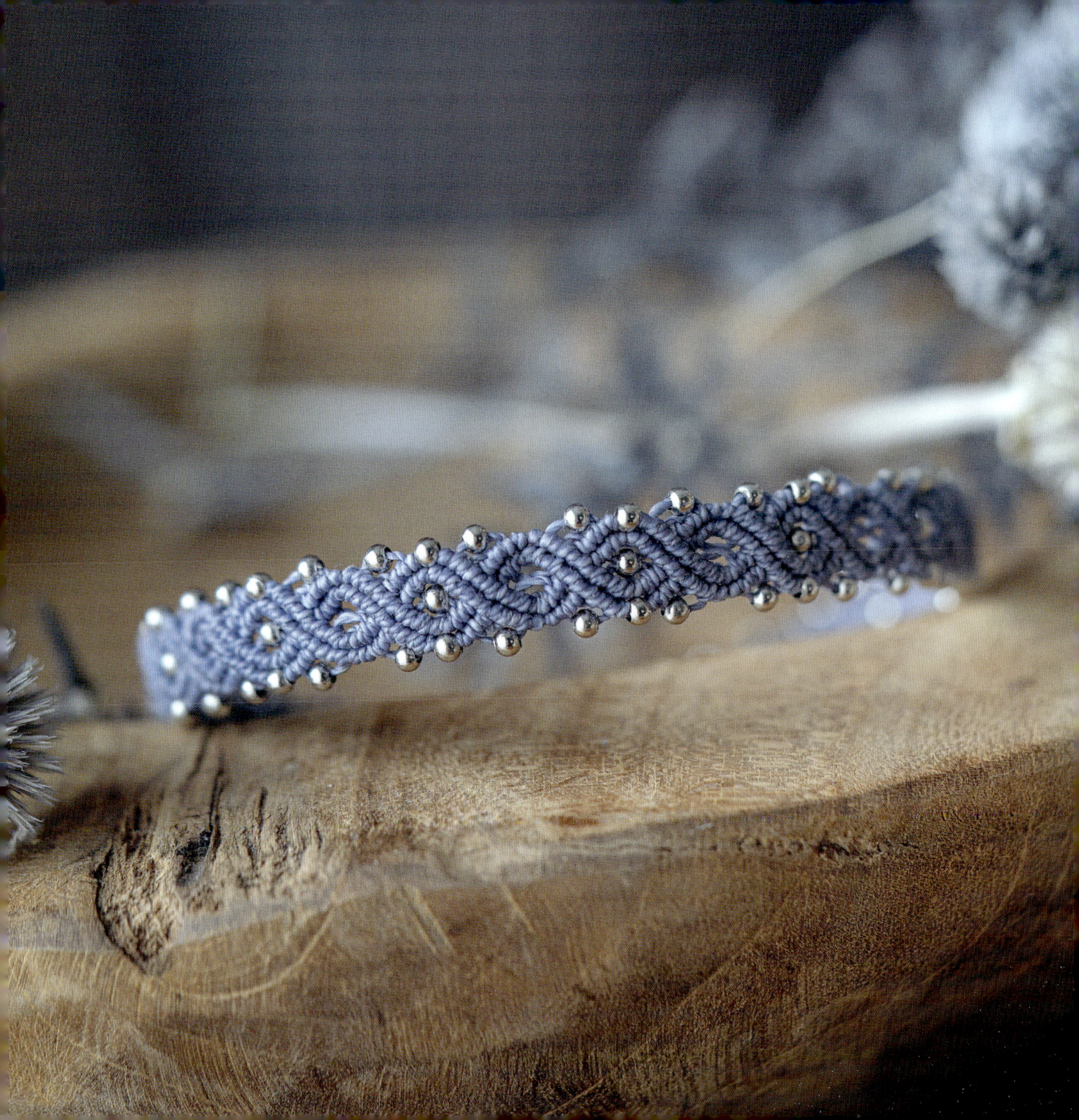

Projekt 5

Choker »Diamonds«

Wie heißt es in dem bekannten Lied so schön? »Diamonds are a girl´s best friend« - »Diamanten sind die besten Freunde eines Mädchens«. Und dein neuer bester Freund könnte dieser funkelnde Choker (eng anliegende Kette/Halsband) werden.

Das Muster ist hier Programm, denn wir knüpfen im Diamantmuster – noch dazu in einer doppelten Variante – und veredeln dies noch mit einer Vielzahl von Perlen.

Hinweis

Dies ist ein Projekt für Fortgeschrittene. Solltest du gerade erst mit Mikro-Makramee begonnen haben, kann es hilfreich sein, wenn du dir zunächst die ersten drei Projekte dieses Buches anschaust, da diese Anleitung auf dem Wissen der ersten Kapitel aufbaut. Das Muster ist zudem nicht ganz einfach, aber mit ein wenig Übung wirst du es super hinbekommen.

Materialien

- ca. 15 m Mikro-Makramee-Garn
- 98 Perlen 3 mm
- Magnetverschluss

Ich nutze für den Choker ein gedrehtes Garn in der Stärke 1 mm. Du kannst aber auch ein geflochtenes Garn verwenden.

Zum Knüpfen empfehle ich dir ein Klemmbrett. Zum Auffädeln der Perlen kann ein Perlenauffädler hilfreich sein.

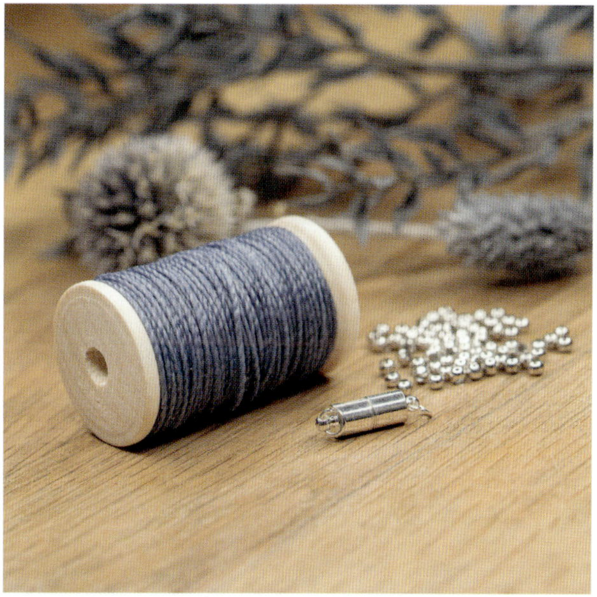

1 Schneide dir 4 Fäden mit einer Länge von jeweils 1,50 m zurecht und befestige diese mit einem Abstand von etwa 9 cm an deinem Klemmbrett.

Knüpfe zunächst eine kleine Raute über diese 4 Fäden. Schau dir hierzu gern noch einmal die Schritte 1 bis 4 aus dem Projekt 3 »Seelenblüte« an.

Verschließe diese Raute, indem du die beiden Mittelfäden miteinander im Rippenknoten verknüpfst.

1a
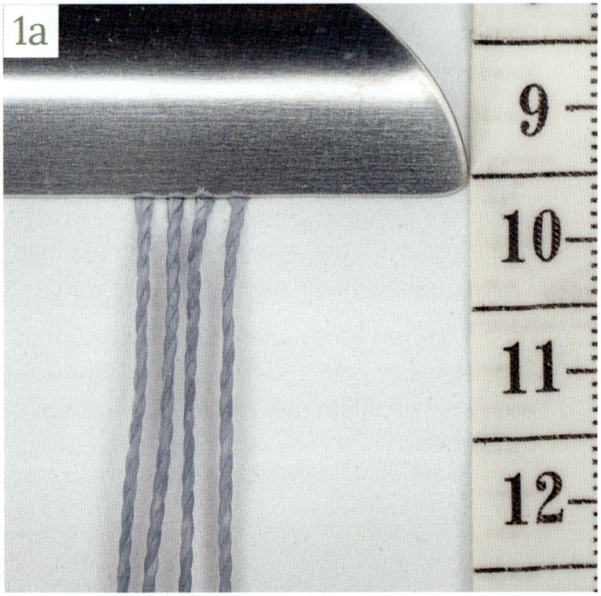

1b
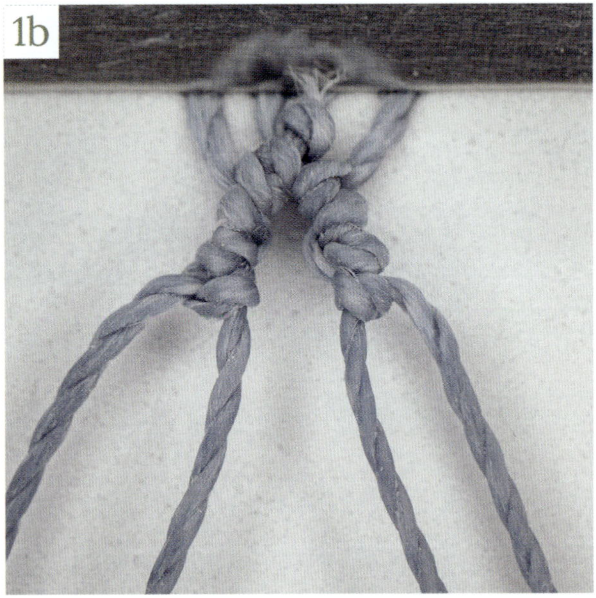

1c
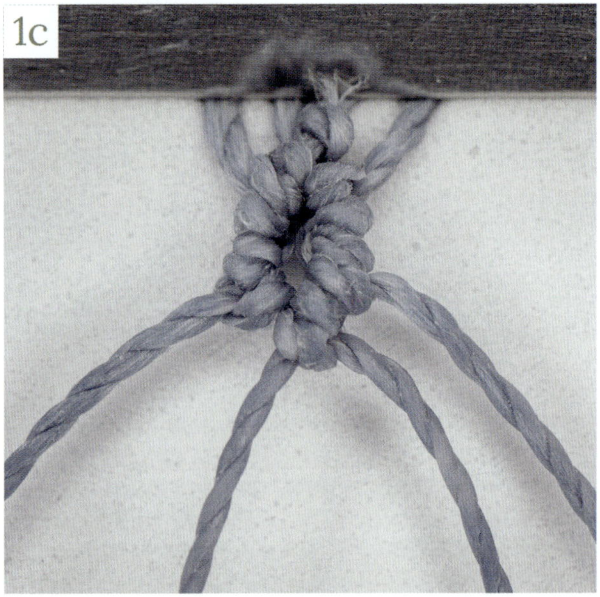

2a

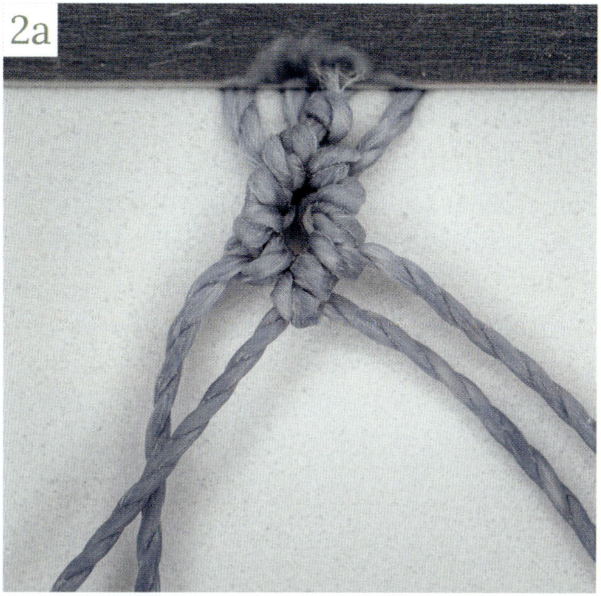

2 Knüpfe einen Rippenknoten mit dem ersten Faden der linken Seite um den nächstfolgenden Faden.

Knüpfe eine (eng unter der ersten liegenden) Rippenknotenreihe. Lege dir hierfür den ersten, oberen Faden der rechten Seite als Führfaden nach links unten.

Knüpfe nun Rippenknoten von oben nach unten über die nächstfolgenden zwei Fäden.

2b

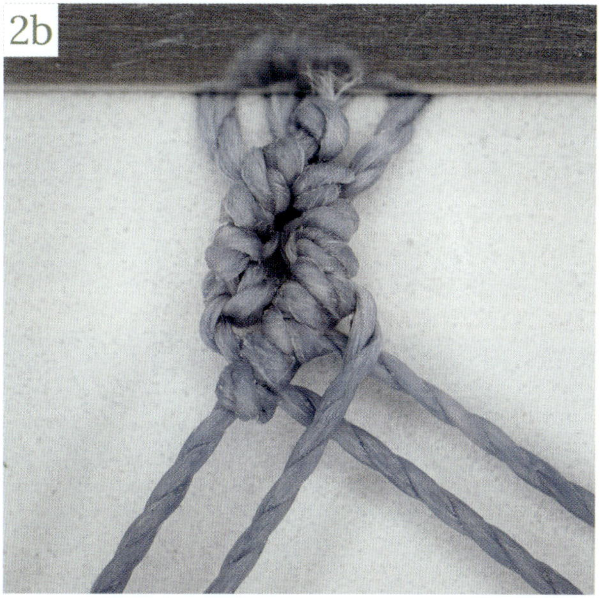

2c

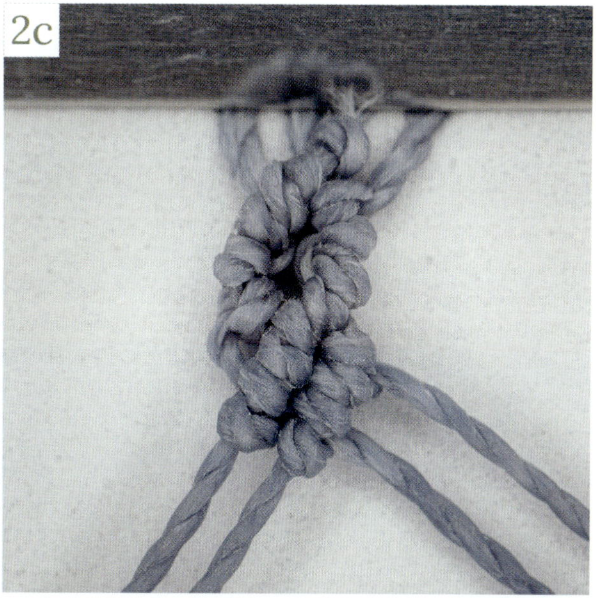

3a

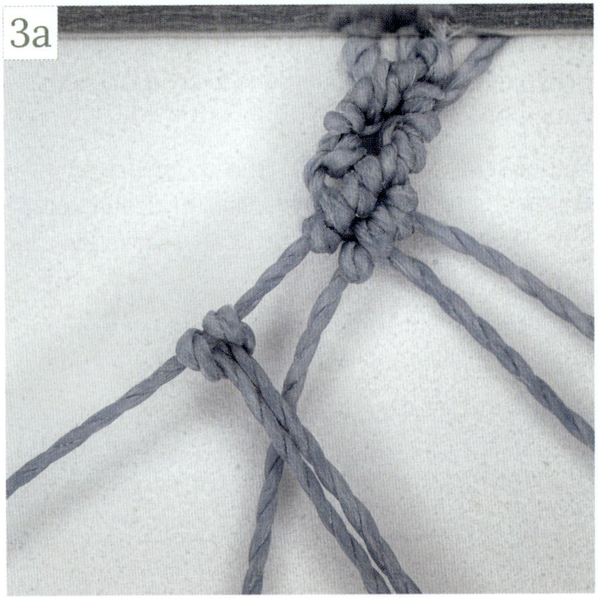

3 Schneide dir einen zusätzlichen, 4 m langen Faden zu, nimm diesen doppelt und befestige ihn mittels Ankerknoten (Variante von hinten) an dem linken äußeren Faden.

Nimm die rechte Seite des neu hinzugefügten Fadens, führe diese über den Führfaden und unter die neu entstandene Schlaufe hindurch.

Wiederhole dies auch mit der linken Seite des neu hinzugefügten Fadens. Schiebe die Knotenreihe nach oben.

3b

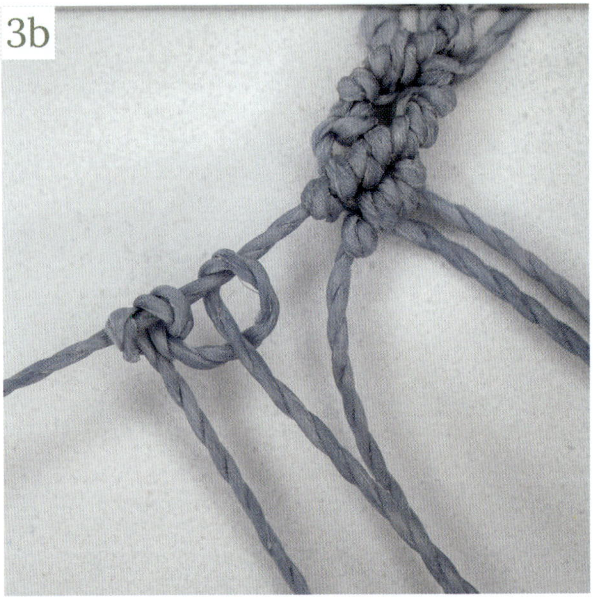

3c

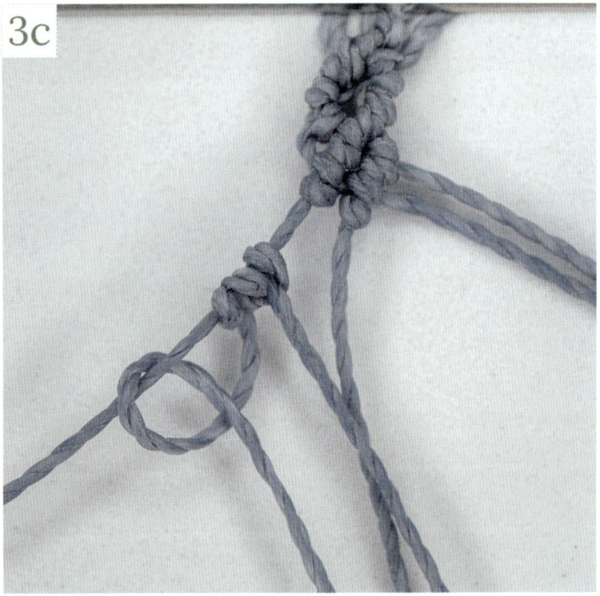

4 Vervollständige die zweite Rippenknotenreihe. Knüpfe hierfür Rippenknoten mit den 2 nächstfolgenden Fäden der rechten Seite.

Beide Rippenknotenreihen sollten eng aneinanderliegen.

Füge einen weiteren zusätzlichen Faden hinzu. Befestige den neuen Faden an dem ersten Faden der rechten Seite wie in Schritt 3 beschrieben.

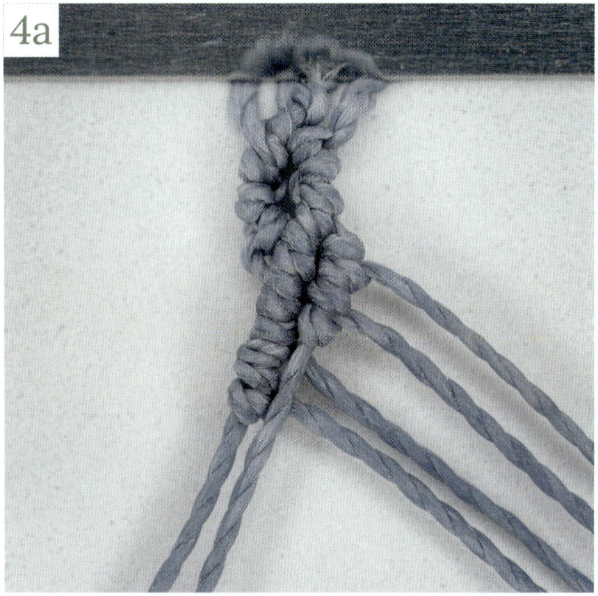

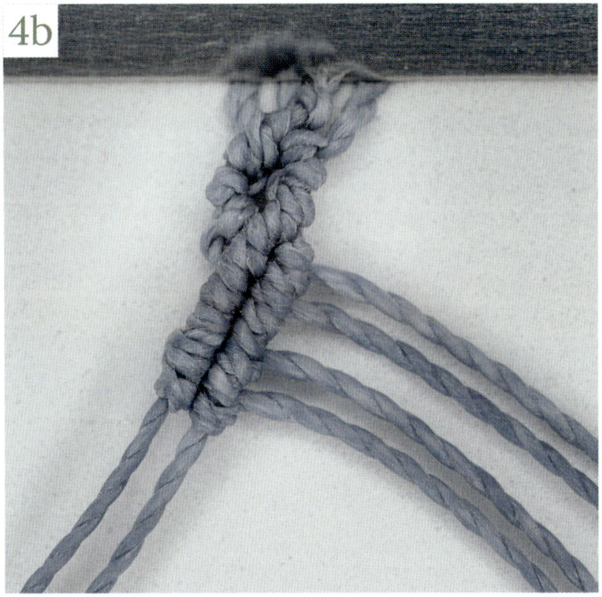

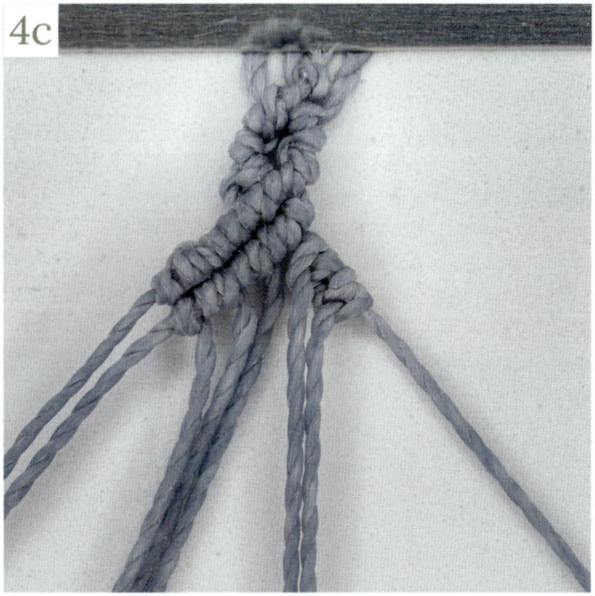

5a

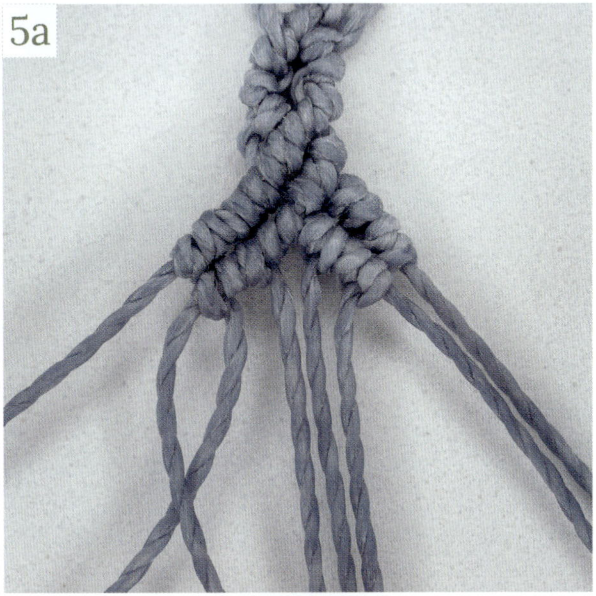

5 Für die zweite (darunterliegende) Rippenknotenreihe auf der rechten Seite, nimm dir den ersten oberen Faden der linken Rippenknotenreihe als neuen Führfaden. Lege diesen über die beiden Schnüre des neu hinzugefügten Fadens rechts herüber und knüpfe 2 Rippenknoten.

Knüpfe nun Rippenknotenreihen von außen nach innen. Nimm den zweiten Faden von links als Führfaden und knüpfe Rippenknoten über die folgenden zwei Fäden zur Mitte hin.

Wiederhole dies auch auf der rechten Seite.

5b

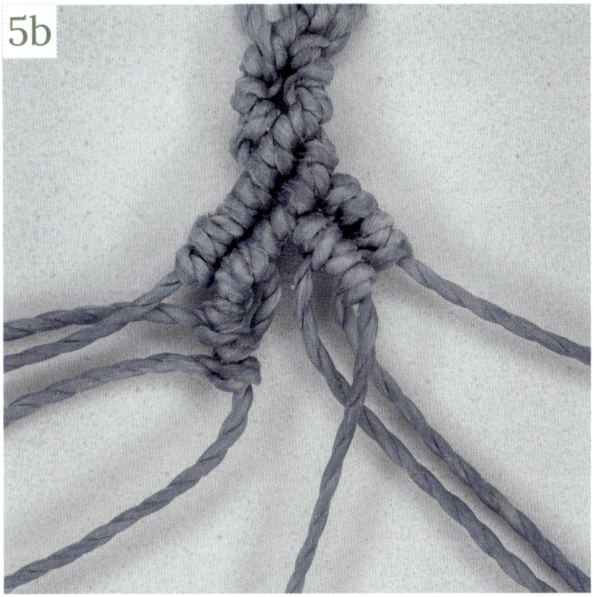

5c

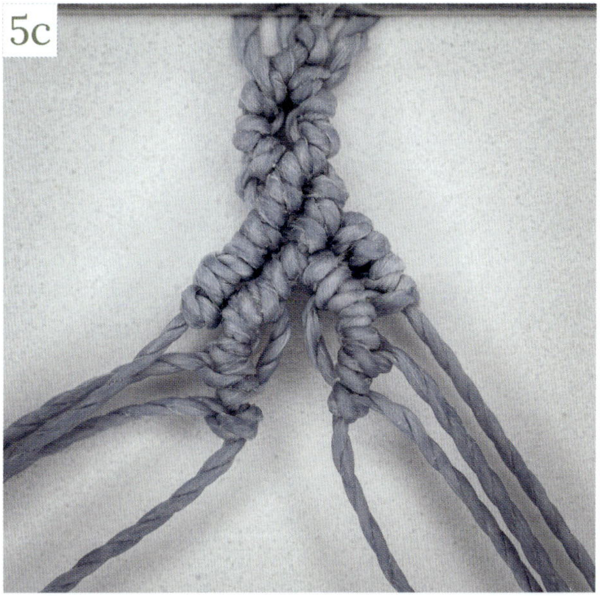

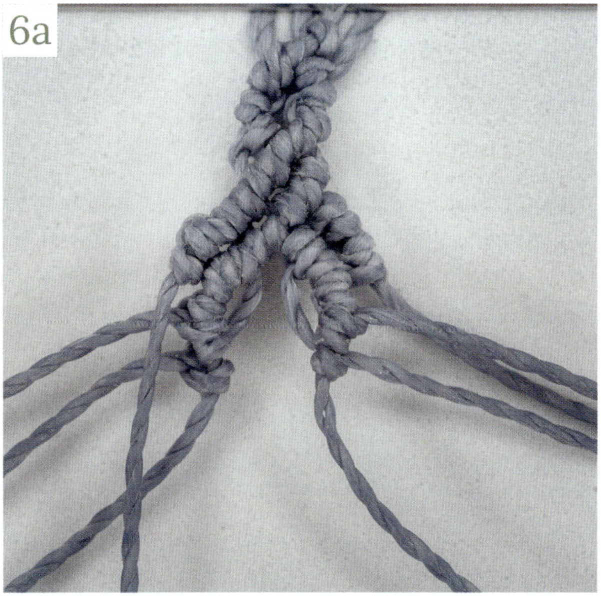

6 In diesem Schritt werden die äußeren Rippenknotenreihen geknüpft. Nimm dir den ersten Faden von oben von der linken Seite als Führfaden und umknüpfe diesen mit den folgenden drei Fäden von oben nach unten.

Wiederhole dies auch auf der anderen Seite. Führfaden ist hierbei der erste Faden von oben rechts. Knüpfe eine Rippenknotenreihe mit den nächstfolgenden 2 Fäden von oben nach unten.

Es sind nun zwei Rippenknotenreihen entstanden.

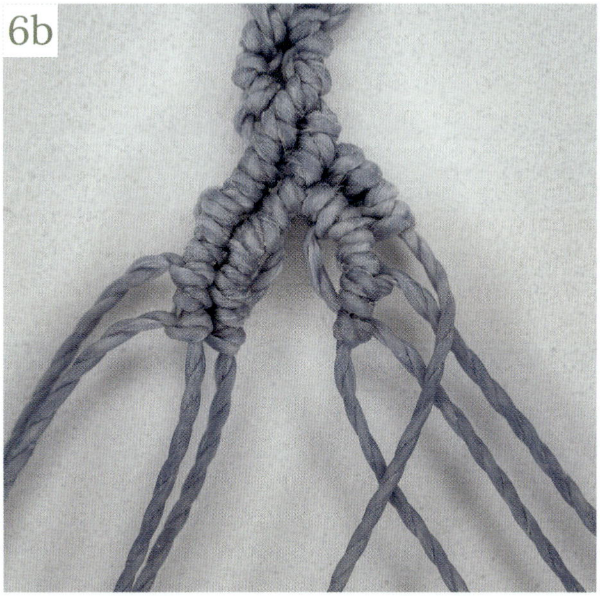

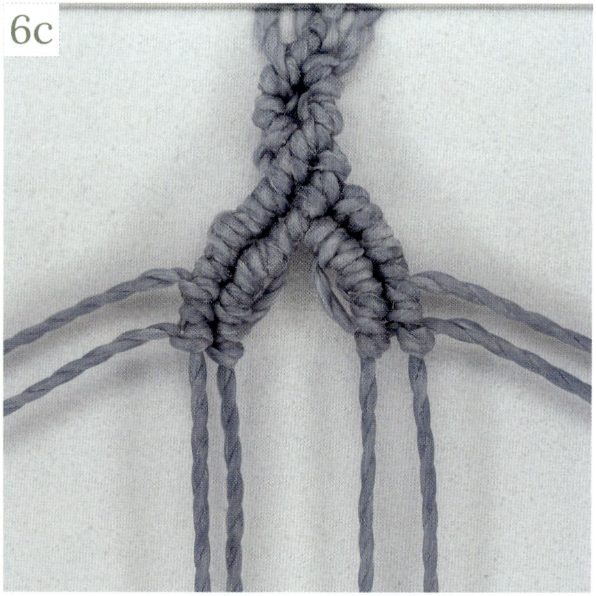

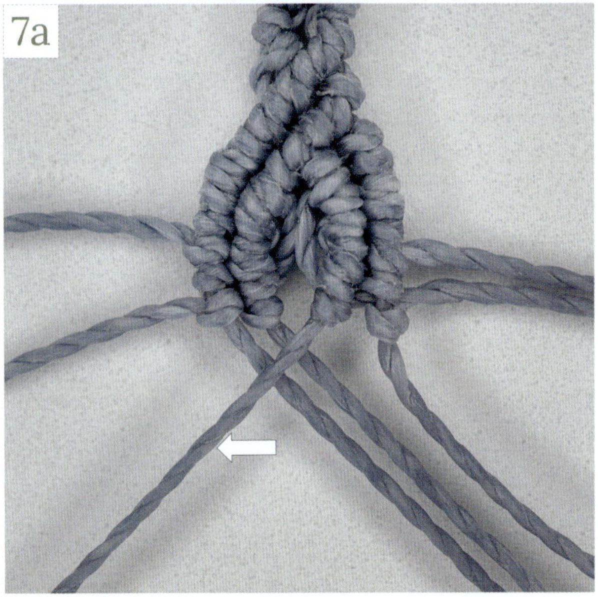

7 Um die erste Diamant-Raute zu schließen, knüpfe eine Rippenknotenreihe von der Mitte zur linken unteren Seite. Führfaden ist der in Abbildung 7a mit dem Pfeil gekennzeichnete Faden.

Vervollständige anschließend auch die daneben liegende Rippenknotenreihe. Führfaden ist der in Abbildung 7b mit dem Pfeil gekennzeichnete Faden. Du knüpfst erneut 2 Rippenknoten mit den beiden nächstfolgenden Fäden.

Die erste Raute ist damit geschlossen.

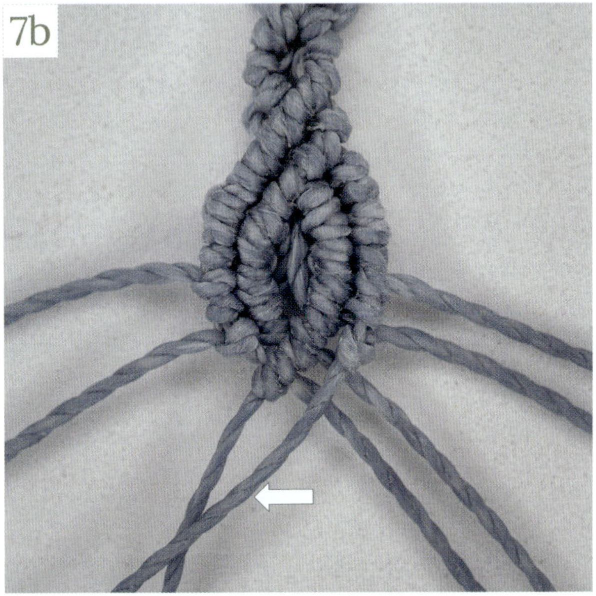

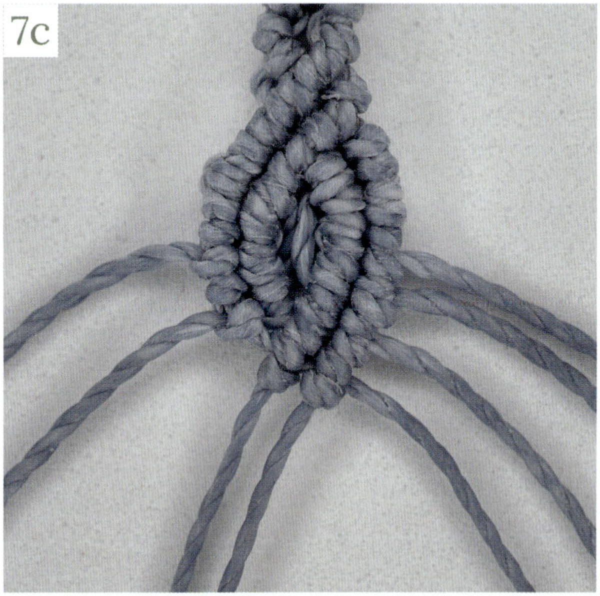

8a

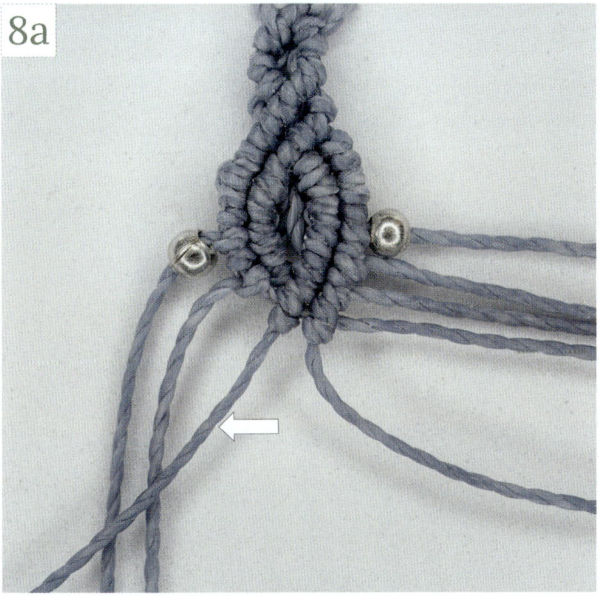

8 Ziehe über die beiden äußeren Fäden je eine Perle auf. Setze die Rippenknotenreihen fort, indem du den in Abbildung 8a mit dem Pfeil gekennzeichneten Faden als Führfaden von der Mitte nach links unten herüberlegst und über die beiden nächstfolgenden Fäden der linken Seite Rippenknoten knüpfst. Vervollständige auch die danebenliegende Rippenknotenreihe.

Nimm anschließend den dritten Faden von oben auf der rechten Seite und knüpfe 2 Rippenknoten nach rechts unten. Wiederhole dies auch für die zweite Rippenknotenreihe darunter.

Ziehe über die beiden Mittelfäden eine Perle auf.

8b

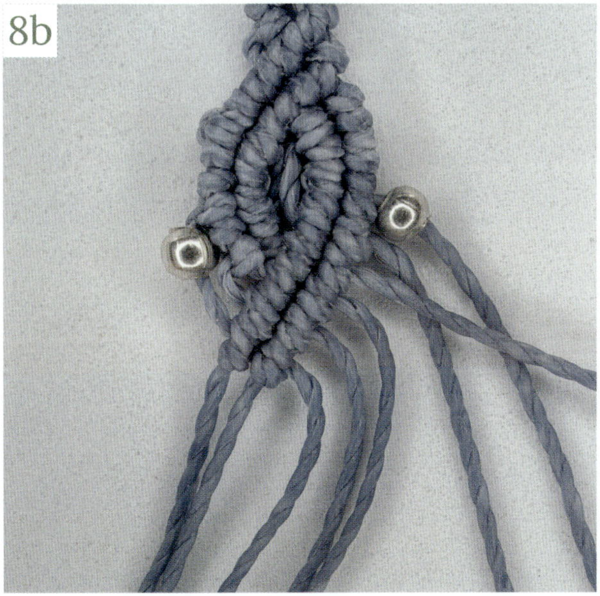

8c

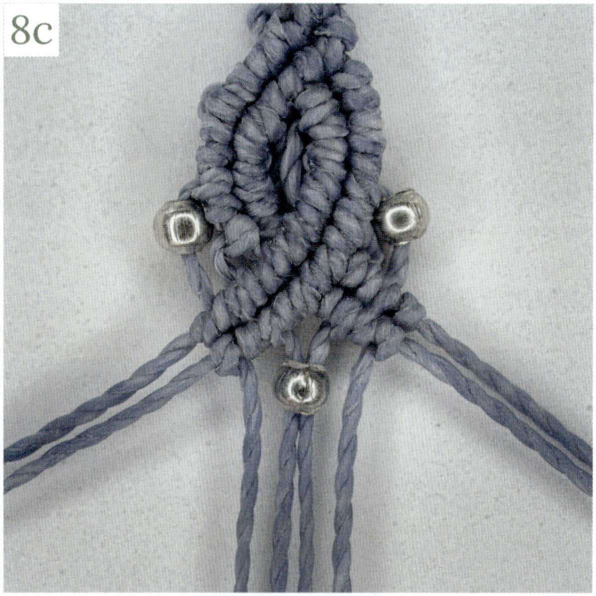

9 Umknüpfe den Ring mit Rippenknoten wie in Schritt 5 beschrieben.

Ziehe anschließend je eine Perle rechts und links über die beiden äußeren Fäden auf.

Wiederhole nun die Schritte 6 und 7, um die äußeren Rippenknotenreihen zu vervollständigen und die zweite Raute zu verschließen.

Auch die zweite Raute ist damit geschlossen.

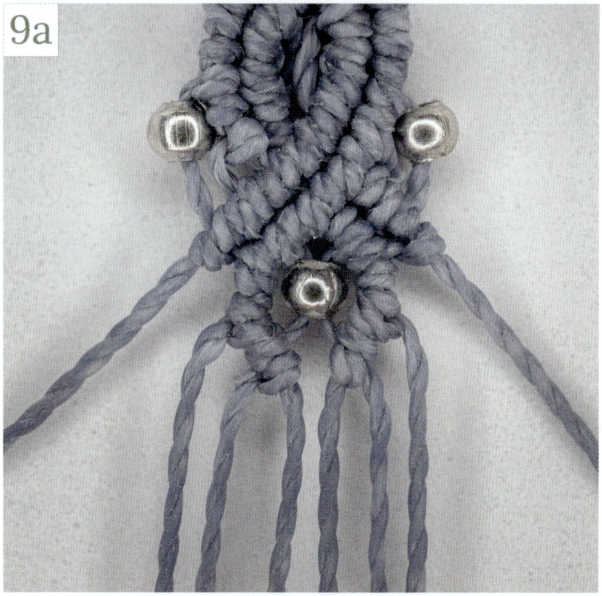

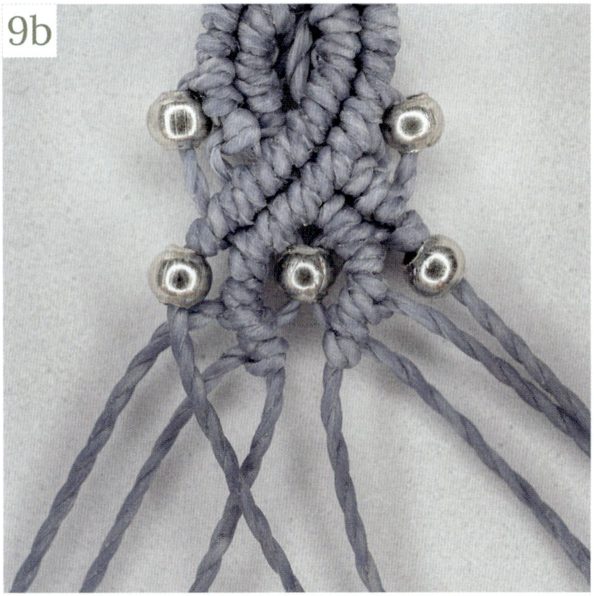

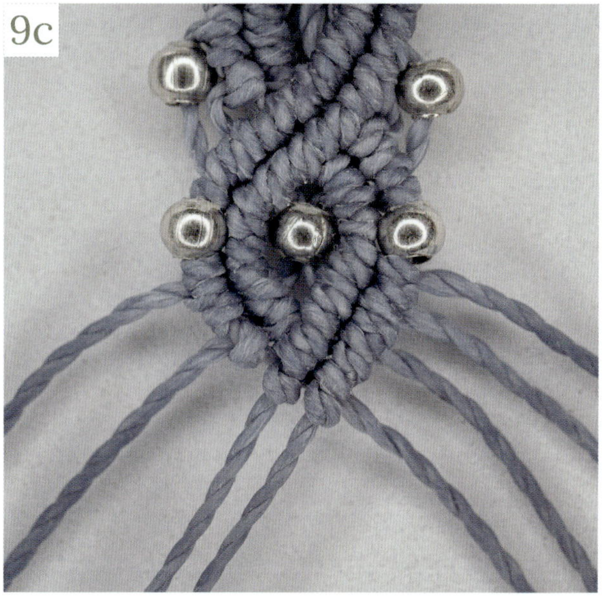

10 Setze das Muster fort, indem du abwechselnd eine Raute ohne Perlen und danach eine Raute mit Perlen knüpfst. Beginne dabei wieder bei Schritt 8 und füge je rechts und links eine Perle an. Bei der Raute ohne Perle lässt du die Perle bei den Mittelfäden und den äußeren Fäden der Raute weg.

Messe den Umfang deines Halses aus. Berücksichtige dabei, dass der Verschluss etwa 5 cm einnimmt. Die letzte Raute sollte – wie am Anfang – eine Raute ohne Perlen sein. Kürze alle Fäden (außer die Mittelfäden) und brenne sie ab.

Beende das Projekt mit den Magnetverschlüssen wie in Projekt 2 »Perlenzauber« beschrieben.

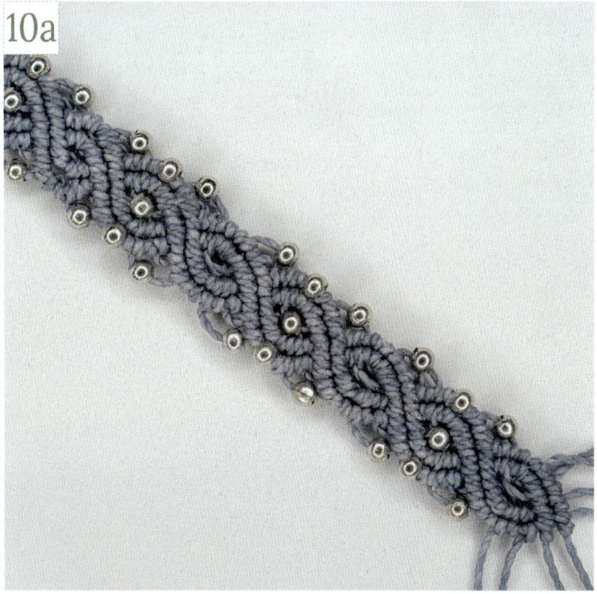
10a

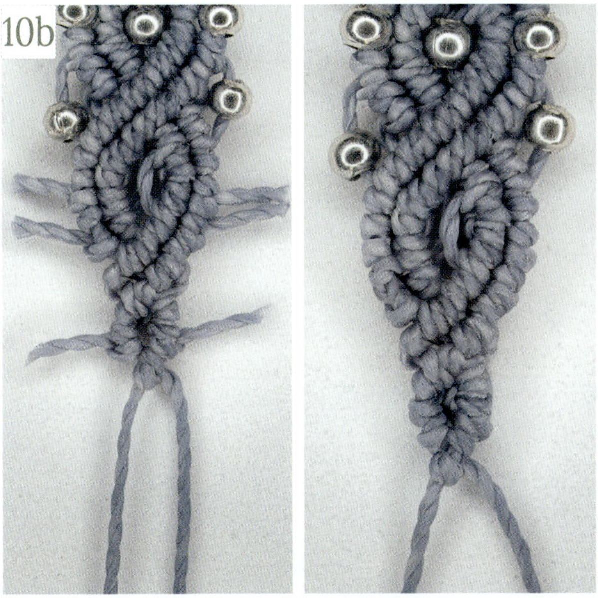
10b

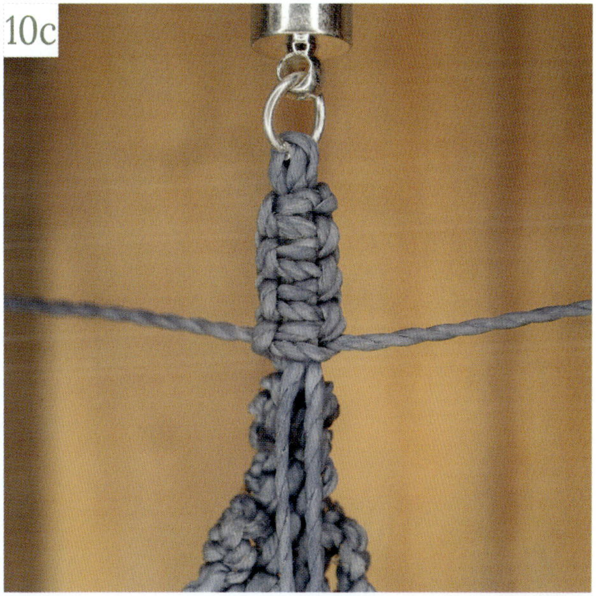
10c

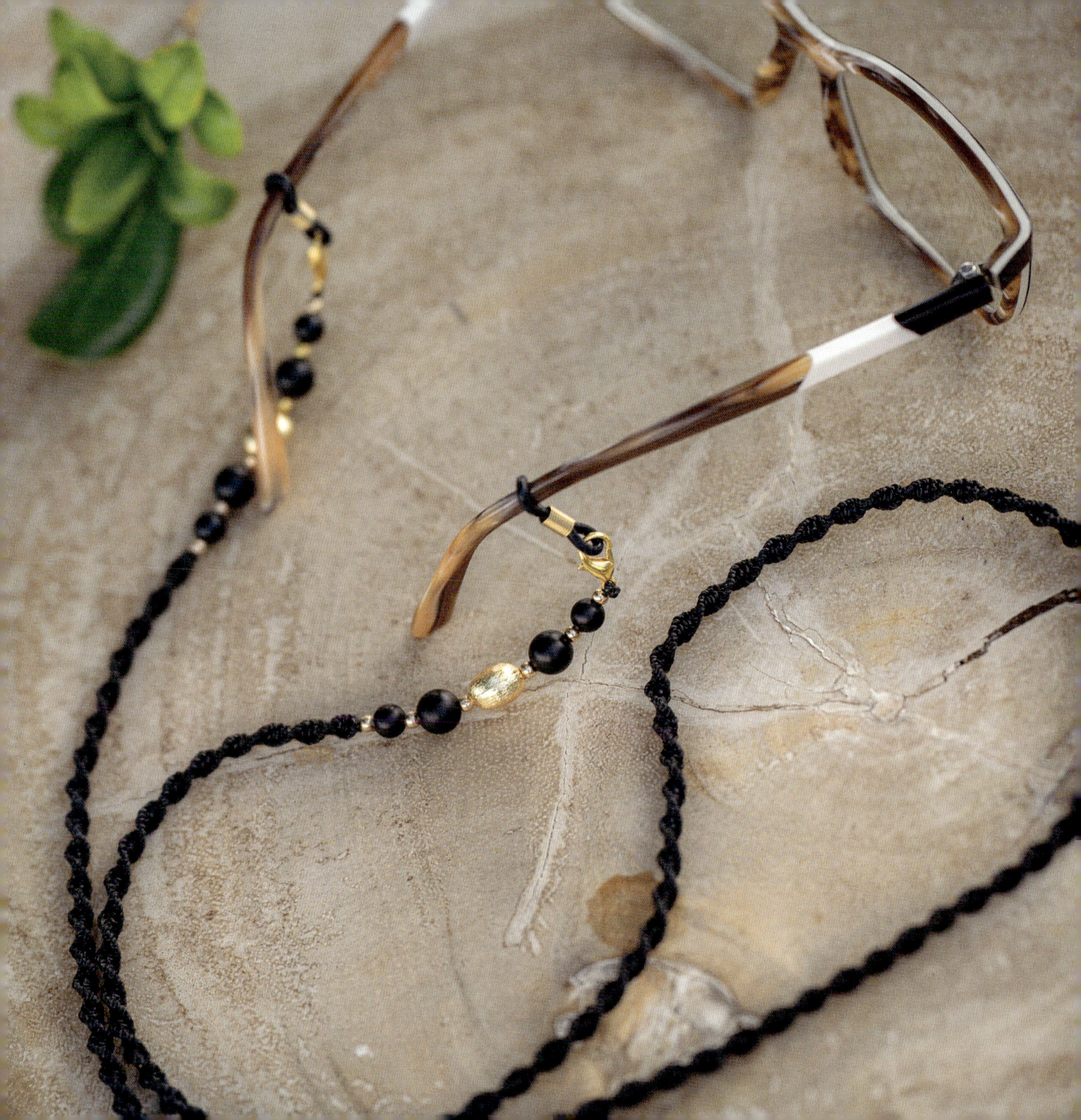

Projekt 6

Brillenkette »Glamorous«

Ein Hauch von Glamour liegt in der Luft, wenn du diese stylische Brillenkette trägst. Mit schwarzen Steinen im angesagten Matt-Look und gebürsteten Goldperlen bringst du dein Outfit zum Strahlen.

Du kannst diese Kette sowohl lässig an deiner Sonnenbrille tragen als auch mit einer normalen Brille zum Business-Outfit kombinieren. Egal wie – dieses Accessoire ist in jedem Fall ein echter Hingucker.

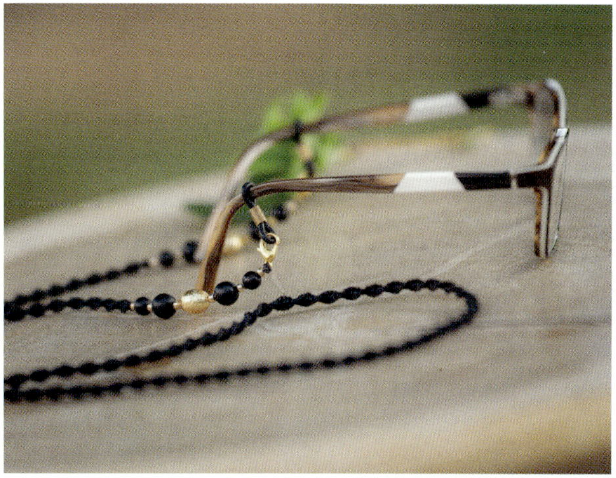

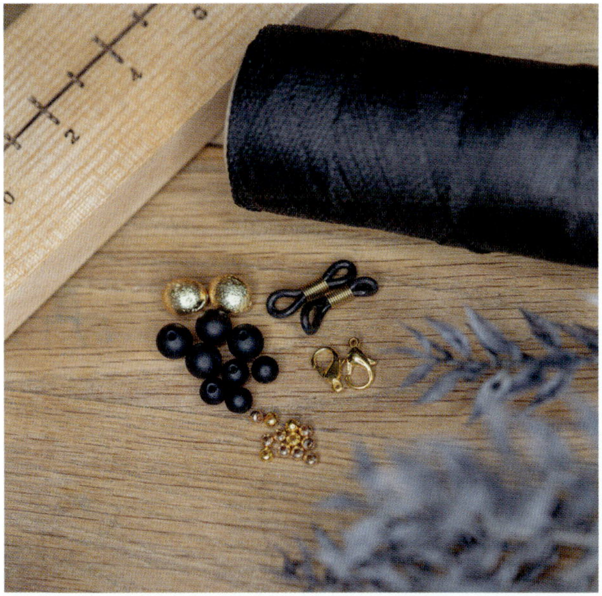

Materialien

- ca. 10 m Mikro-Makramee-Garn Stärke 1 mm
- 2 kleine Karabiner (hier Gold)
- 2 Endstücke für Brillenketten (hier schwarz)
- 2 gebürstete Perlen 10 mm (hier Gold)
- je 4 mattierte Perlen 8 und 6 mm (hier schwarz)
- 12 Perlen 3 mm (hier Gold)

Zum Knüpfen empfehle ich dir einen Armband-Maker. Zum Auffädeln der Perlen kann eine Perlennadel hilfreich sein.

1 Du benötigst als Erstes einen 2 m langen Faden, den du in der Mitte faltest und auf den du mittig den ersten Karabiner auffädelst.

Mit Hilfe einer Perlennadel ziehst du nun Perlen über beide Schnüre in folgender Reihenfolge auf: 1 Perle 3 mm, 1 Perle 6 mm, 1 Perle 3 mm, 1 Perle 8 mm, 1 Perle 3 mm, 1 Perle 10 mm, 1 Perle 3 mm, 1 Perle 8 mm, 1 Perle 3 mm, 1 Perle 6 mm, 1 Perle 3 mm.

Befestige deine Kette an einem Klemmbrett oder einem Armband-Maker, sodass du unter der letzten Perle mit Knüpfen beginnen kannst. Die beiden Fäden sind nun die Mittelfäden deines Projekts.

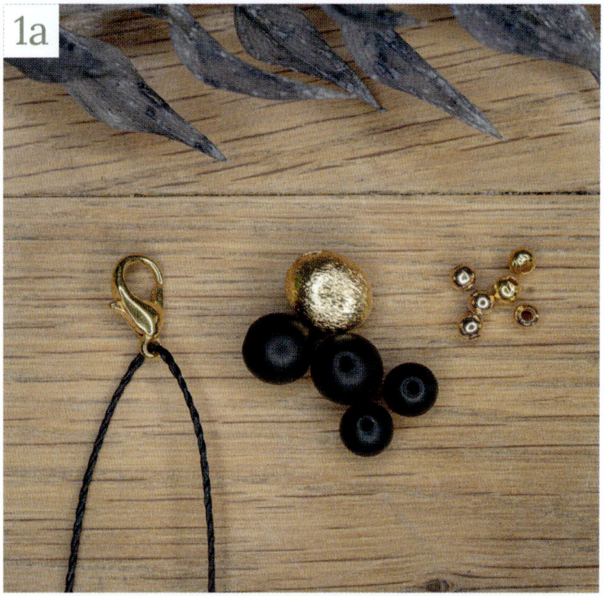
1a

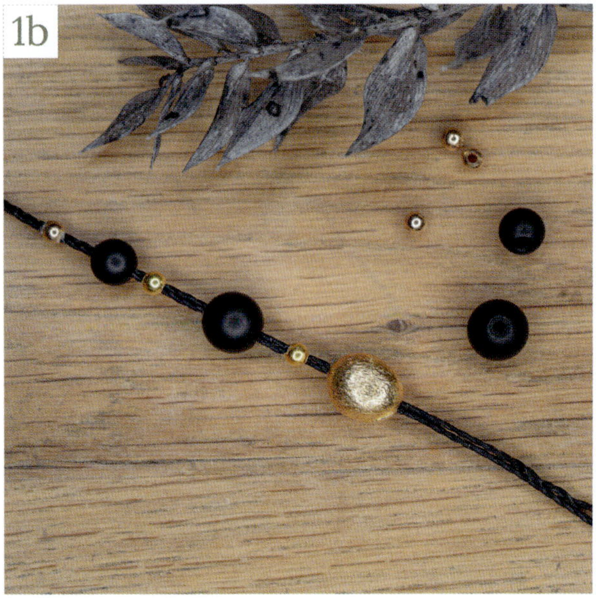
1b

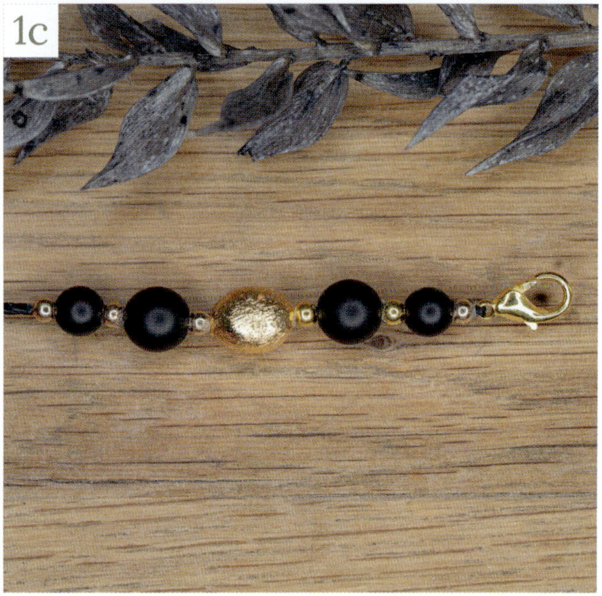
1c

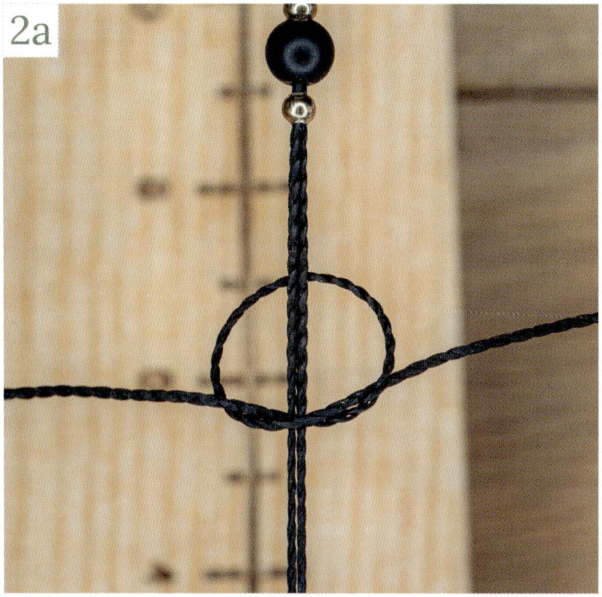
2a

2 Schneide dir einen zusätzlichen Faden in der Länge 8 m zu. Falte auch diesen Faden doppelt und befestige ihn an den beiden Mittelfäden deines Projekts, indem du mit dem neuen Faden einen halben Kreuzknoten um die Mittelfäden knüpfst.

Dieser Knoten bildet den Anfang. Schiebe ihn direkt unter die letzte Perle und knüpfe fortlaufend im Spiralmuster (siehe Seite 15) für etwa 70 cm.

Wenn du die Länge erreicht hast, kürze die seitlichen Arbeitsfäden und brenne die Enden ab.

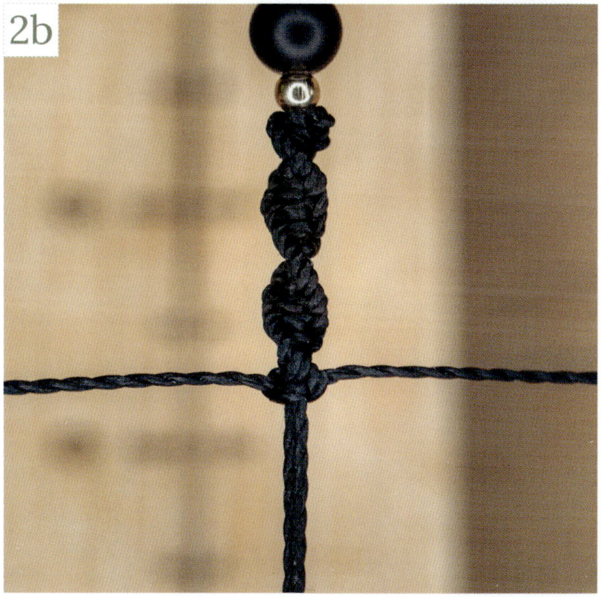
2b

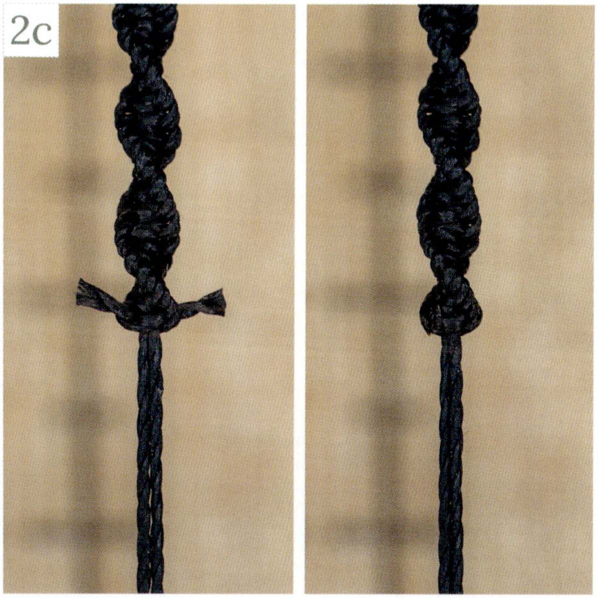
2c

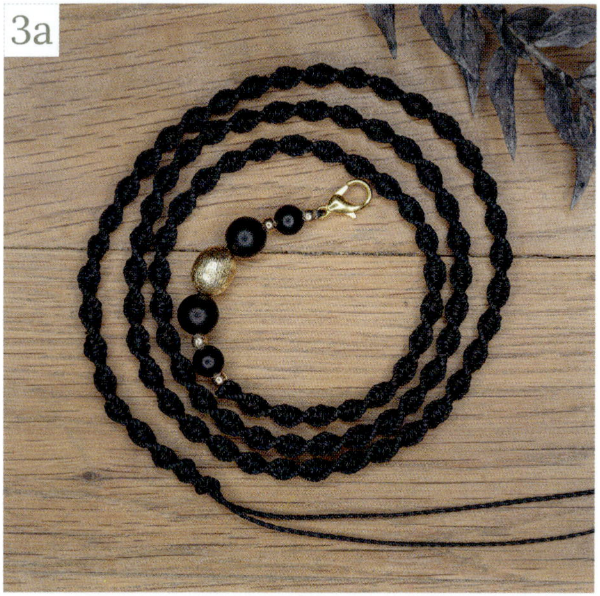

3 Deine Brillenkette nimmt bereits richtig Form an.

Reihe nun auch am Ende der Kette Perlen in derselben Reihenfolge wie am Anfang in Schritt 1 auf: 1 Perle 3 mm, 1 Perle 6 mm, 1 Perle 3 mm, 1 Perle 8 mm, 1 Perle 3 mm, 1 Perle 10 mm, 1 Perle 3 mm, 1 Perle 8 mm, 1 Perle 3 mm, 1 Perle 6 mm, 1 Perle 3 mm.

Den zweiten Karabiner schiebst du über eine der beiden Schnüre unter die letzte Perle.

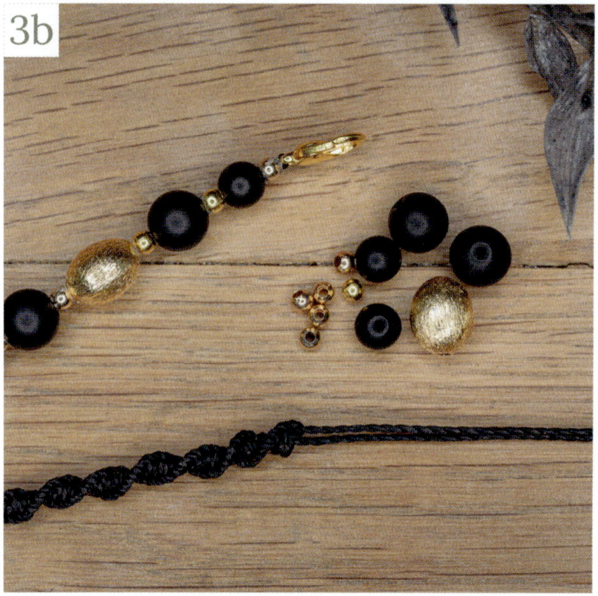

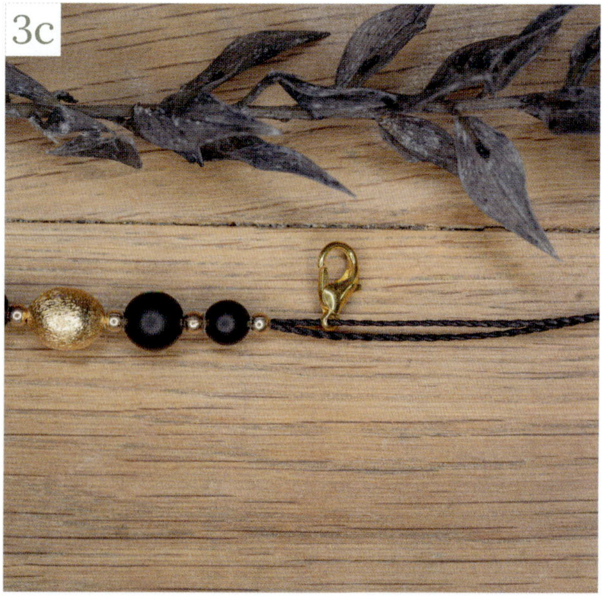

4 Verknote beide Fadenenden miteinander und ziehe den Knoten richtig fest. Schneide die Fadenenden kurz hinter dem Knoten ab und brenne sie in den Knoten ein, damit sich später nichts löst.

5 Fertigstellung

Befestige jeweils ein Brillen-Endstück an jedem Karabiner. Damit ist deine Brillenkette fertig.

Die Endstücke sind so flexibel, dass du sie auf nahezu jeden Brillenbügel ganz einfach aufschieben kannst.

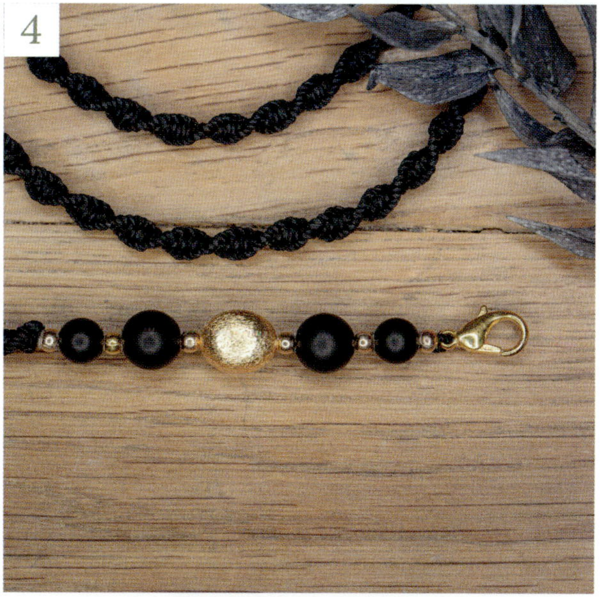

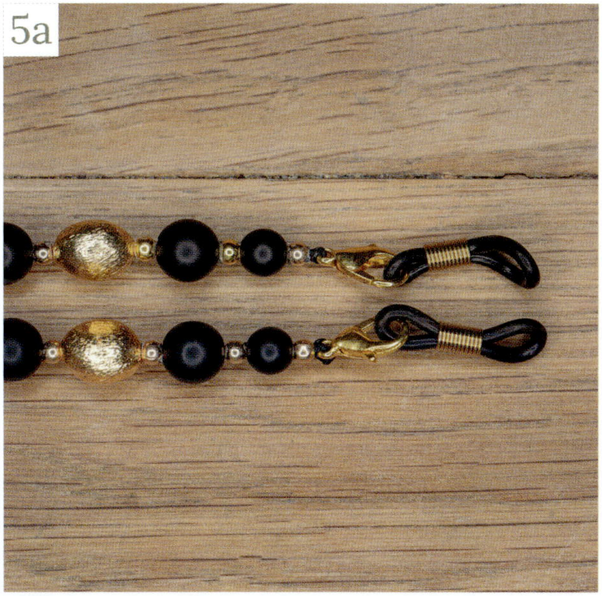

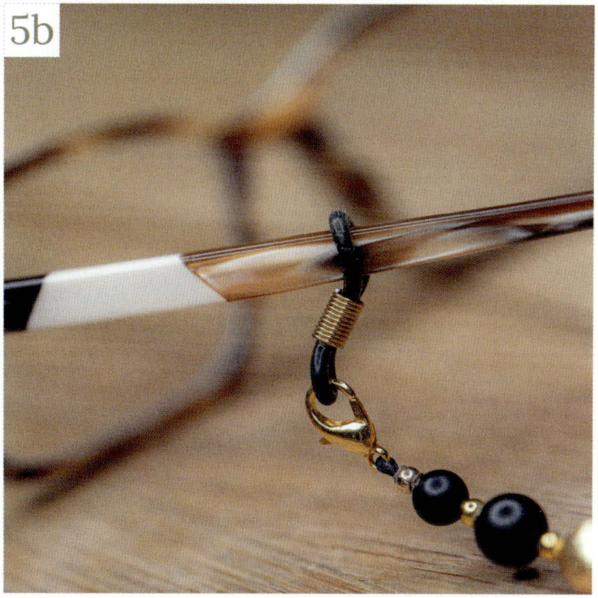

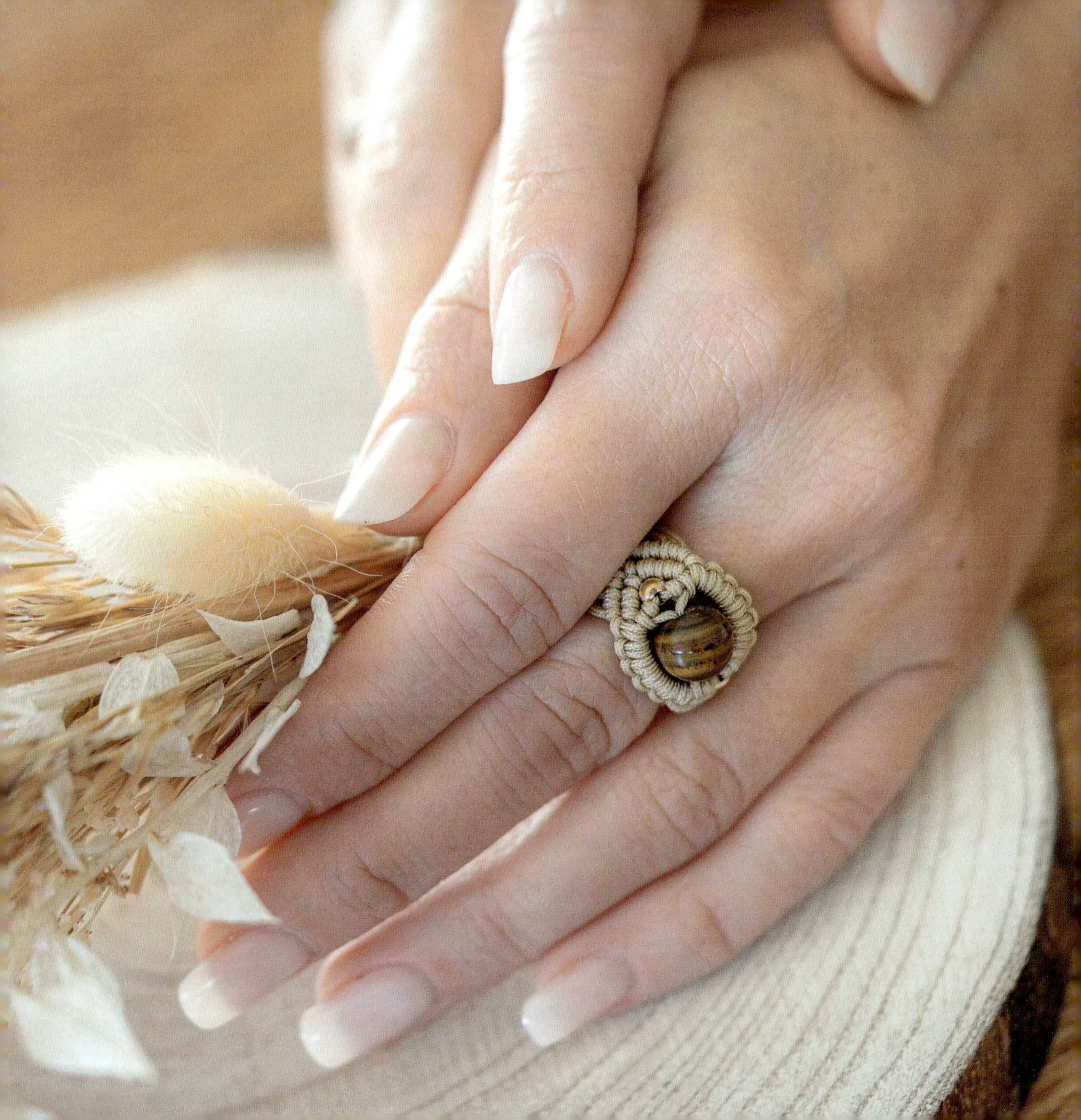

Projekt 7

Ring »Unique«

In diesem Kapitel zeige ich dir, wie du einen Ring kreierst, der so einzigartig ist wie du – eben »Unique«. Er besticht durch ein filigranes Muster und feine Perlen.

Ein Ring ist nicht nur ein modisches Accessoire, sondern auch ein Symbol für Liebe, Verbundenheit und Unendlichkeit. Wenn du also dir oder einem einzigartigen Menschen ein besonderes Geschenk machen möchtest, ist dieses Schmuckstück genau das Richtige.

Tipp

Das Highlight dieses Rings ist der Mittelstein. Ich nutze hierfür echte Edelsteinperlen, Natursteine oder hochwertige Schmuckperlen in der Größe 8 mm. Die Lochgröße sollte mindestens 1 mm betragen, damit du das Garn gut hindurchfädeln kannst.

Materialien

- ca. 5,20 m Polyestergarn (Stärke 1 mm)
- 1 Perle 8 mm (hier Edelsteinperle »Tigerauge«)
- 4 Perlen 3 mm (hier Gold)

Dieses Projekt knüpft sich am besten an einem Klemmbrett.

Zum Auffädeln der Perlen kann eine Perlennadel hilfreich sein.

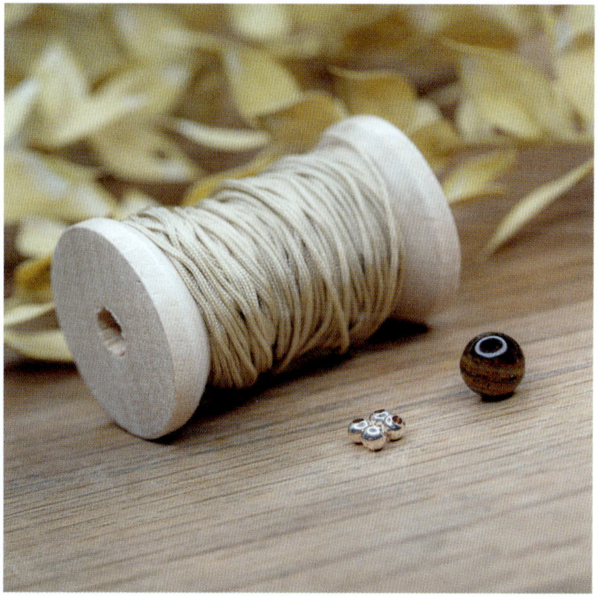

1 Du benötigst für dieses Projekt 8 Fäden mit einer Länge von jeweils 0,65 m.

Befestige die ersten 6 Fäden mit einem Abstand von 30 cm an deinem Klemmbrett.

Über die mittleren beiden Fäden fädelst du die Schmuckperle auf.

Nimm dir nun einen weiteren Faden, falte ihn doppelt und befestige diesen mittels Ankerknoten (Variante von vorn) an den ersten beiden Fäden.

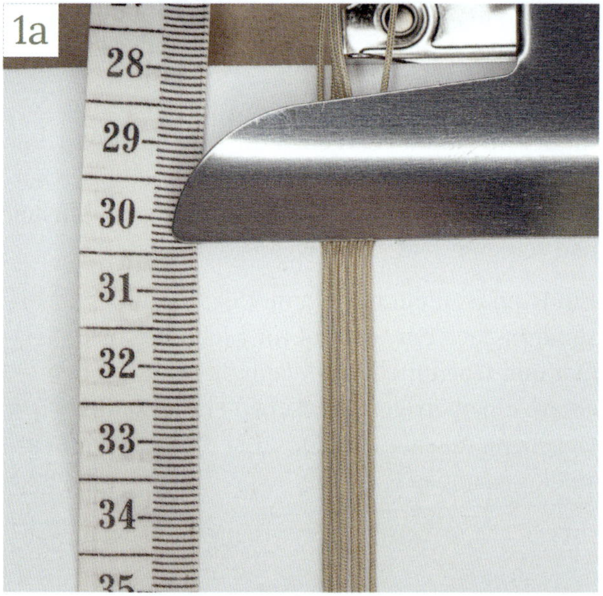

1a

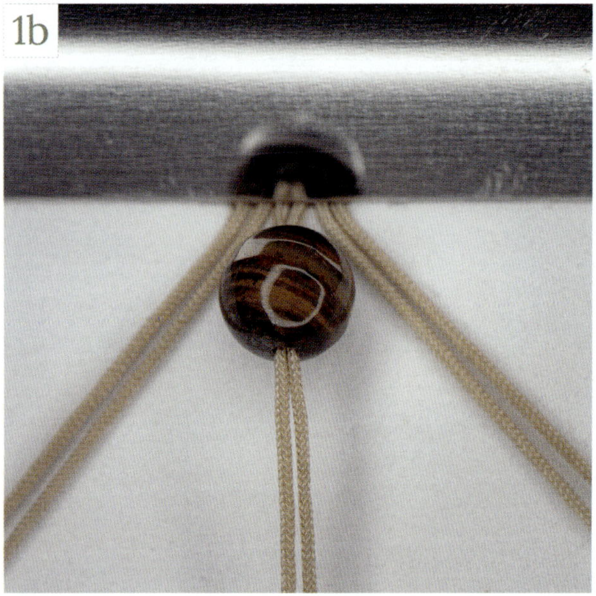
1b

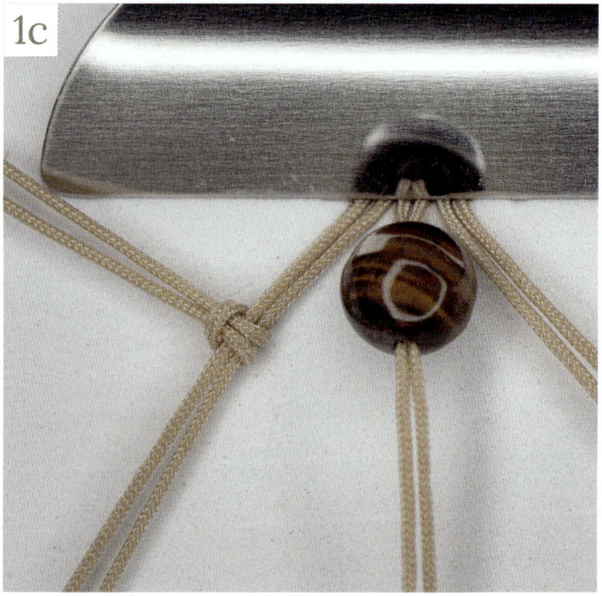
1c

2a
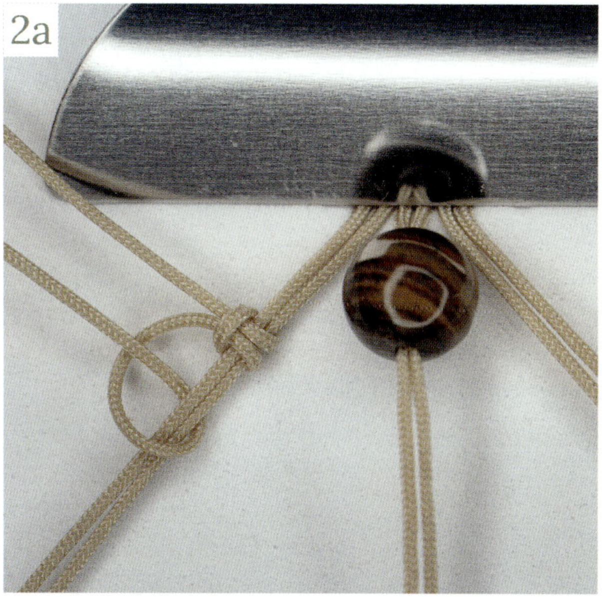

2 Knüpfe mit der unteren Schnur des neu aufgereihten Fadens weitere Ankerknoten. Hierfür legst du die Schnur für den ersten halben Knoten über die beiden Fäden und führst sie unter die Fäden durch die Schlaufe hindurch (Abbildung 2a).

Für den zweiten halben Knoten führst du die Schnur von unten über die beiden Fäden durch die entstandene Schlaufe hindurch (Abbildung 2b).

Ziehe den neu entstandenen Knoten schön fest an und knüpfe noch 4 weitere Ankerknoten hinzu.

2b
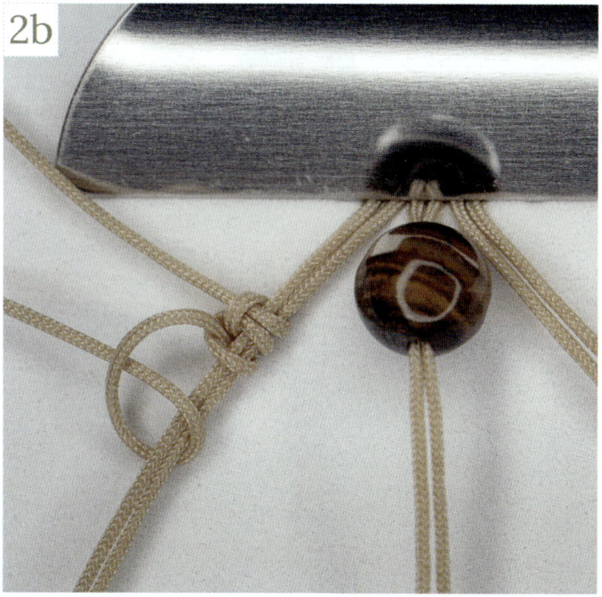

2c
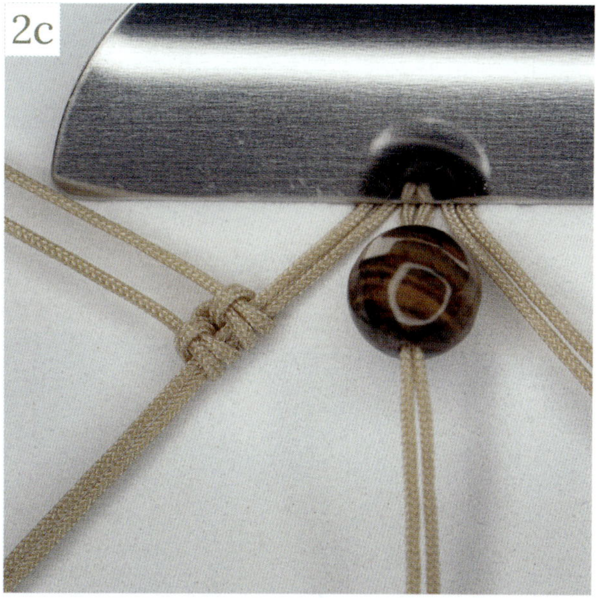

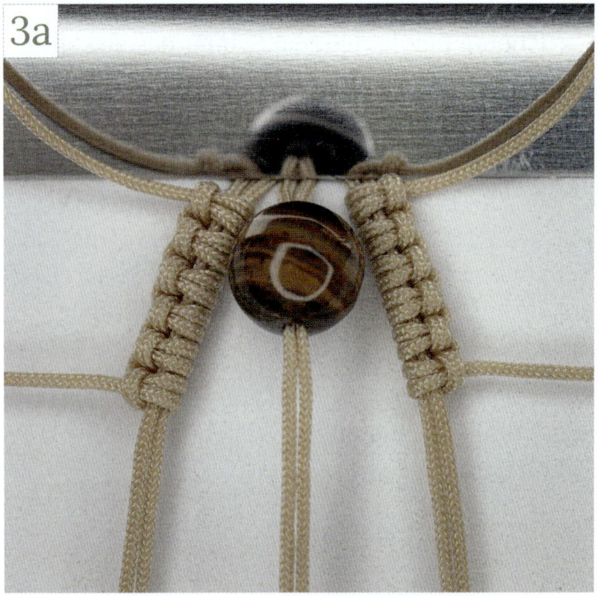

3 Nimm dir nun den letzten Faden, falte ihn doppelt und reihe ihn im Ankerknoten (Variante von vorn) auf die letzten beiden Fäden auf. Wiederhole Schritt 2 auch auf dieser Seite. Es sollten auf den äußeren Fäden jeweils 6 Ankerknoten aufgereiht sein.

Nimm den inneren Faden von der linken Seite (Führfaden), halte ihn diagonal nach rechts unten und umknüpfe diesen mit dem ersten Mittelfaden (aus der Perle) im Rippenknoten.

Wiederhole dies auch auf der rechten Seite.

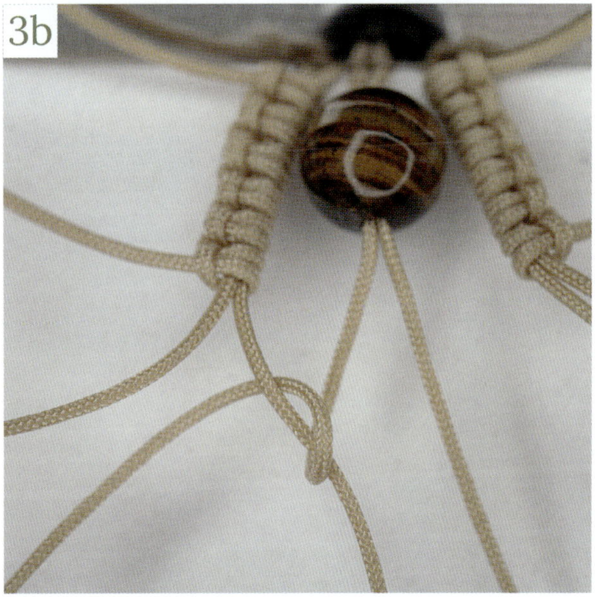

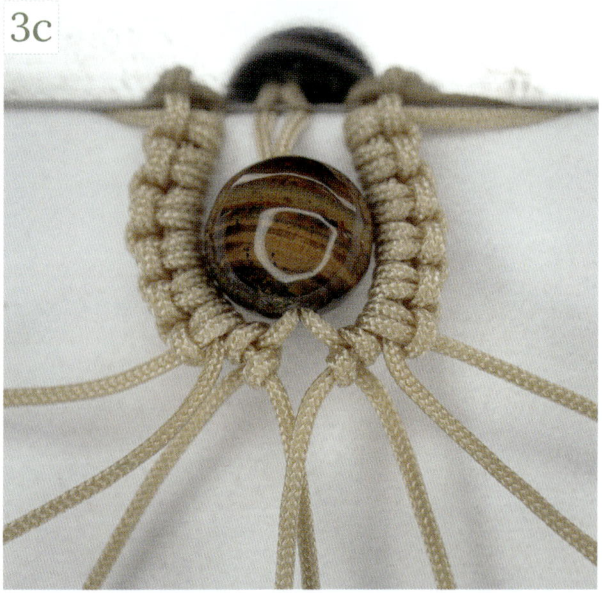

4 Ziehe über die mittleren Fäden eine Perle auf (3 mm).

5 Lege den zweiten Faden von der linken Seite als Führfaden diagonal nach rechts herüber (Abbildung 5a).

Knüpfe eine Rippenknotenreihe über die folgenden 2 Fäden (Abbildung 5b).

4

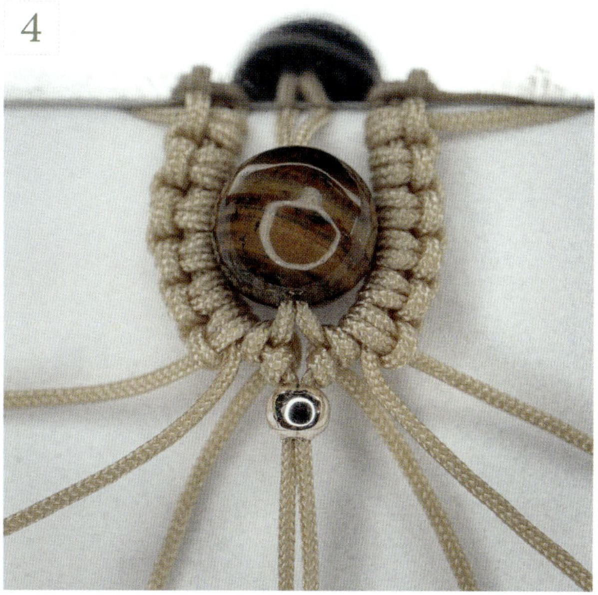

5a

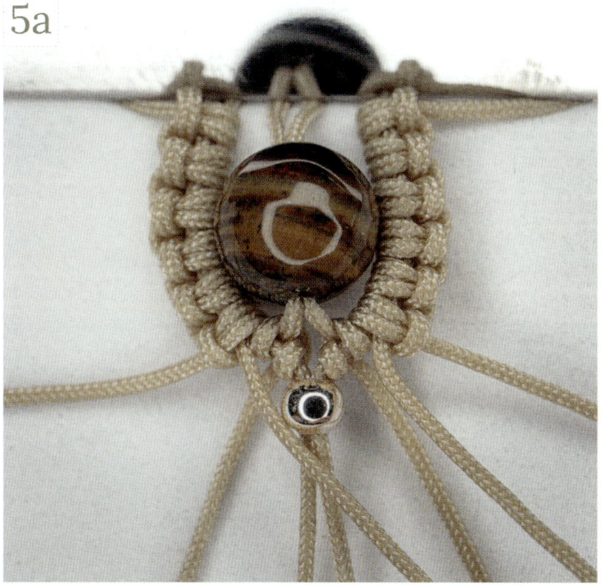

5b

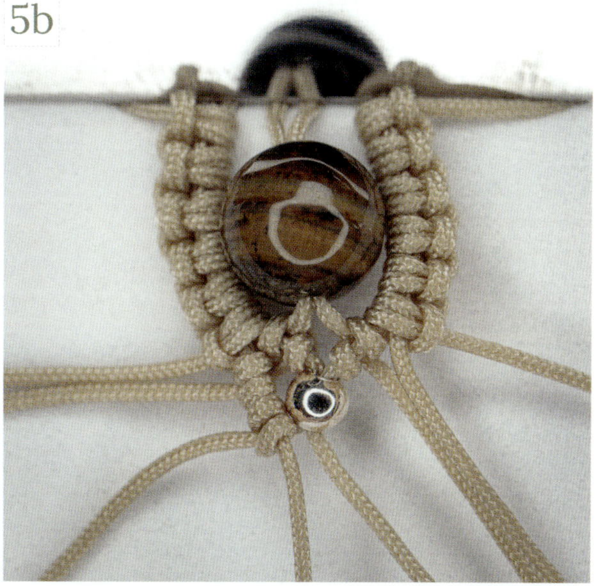

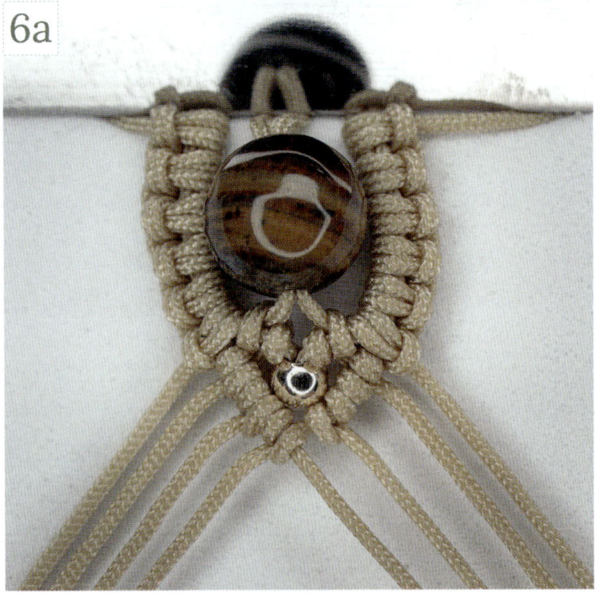
6a

6 Wiederhole Schritt 5 auch auf der rechten Seite, indem du den vorletzten Faden der rechten Seite als Führfaden diagonal nach links herüberlegst und auch auf dieser Seite eine Rippenknotenreihe über 2 Fäden knüpfst. Verbinde beide Seiten mittels Rippenknoten miteinander.

Lege den ersten Faden von der linken Seite als Führfaden diagonal nach rechts unten herüber und knüpfe eine weitere Rippenknotenreihe.

Wiederhole dies auch auf der rechten Seite.

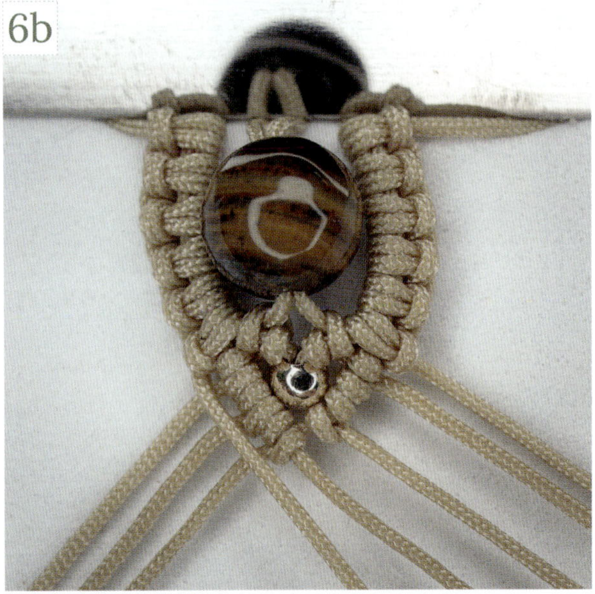
6b

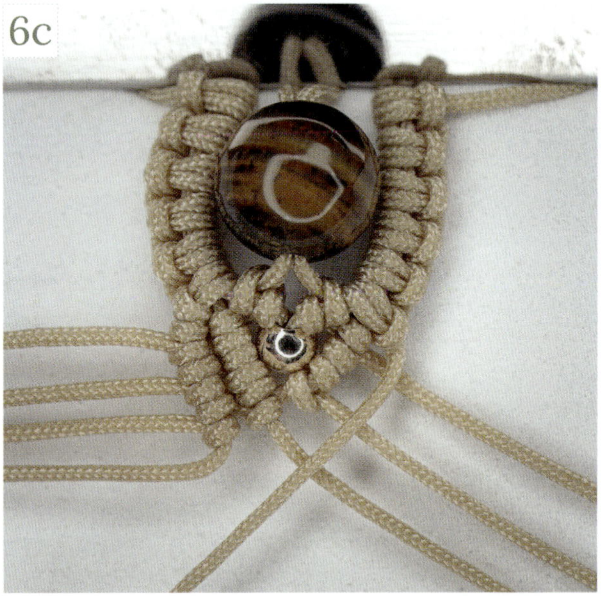
6c

6d

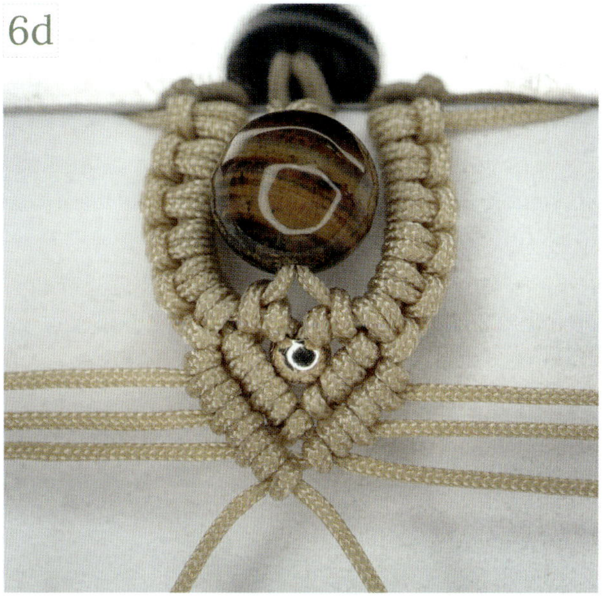

Verbinde beide Rippenknotenreihen mit einem weiteren Rippenknoten miteinander (Abbildung 6d).

7 Lege den ersten der beiden Mittelfäden diagonal nach links herüber.

Knüpfe eine Rippenknotenreihe über 3 Fäden.

7a

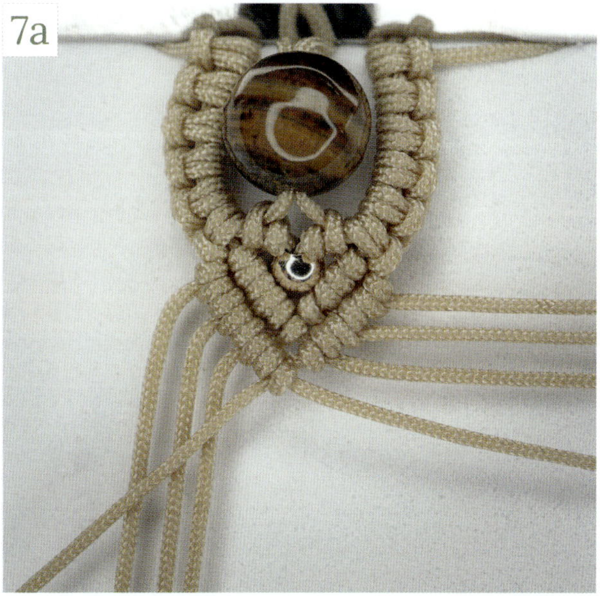

7b

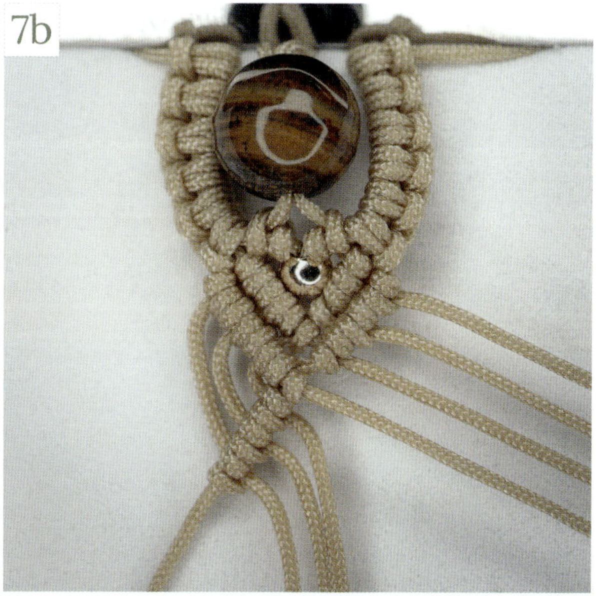

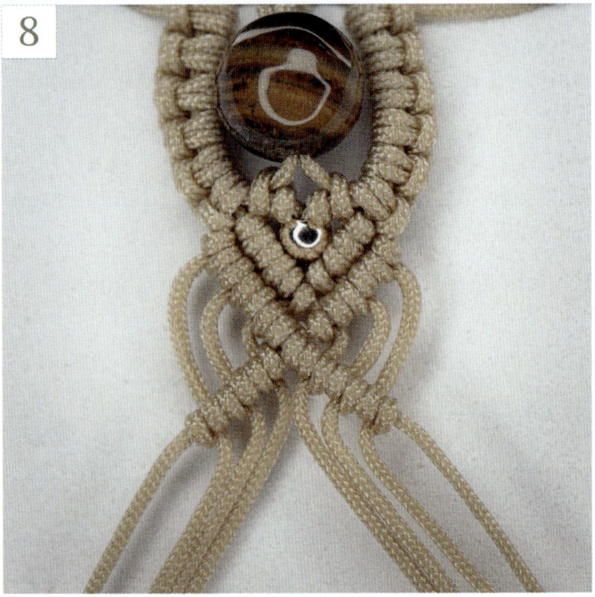

8 Wiederhole Schritt 7 auch auf der rechten Seite.

9 Nimm den rechten Mittelfaden und führe ihn als neuen Führfaden diagonal von rechts nach links unten herüber (Abbildung 9a).

Knüpfe eine weitere Rippenknotenreihe unter der ersten. Wiederhole diesen Schritt auch auf der anderen Seite (Abbildung 9b).

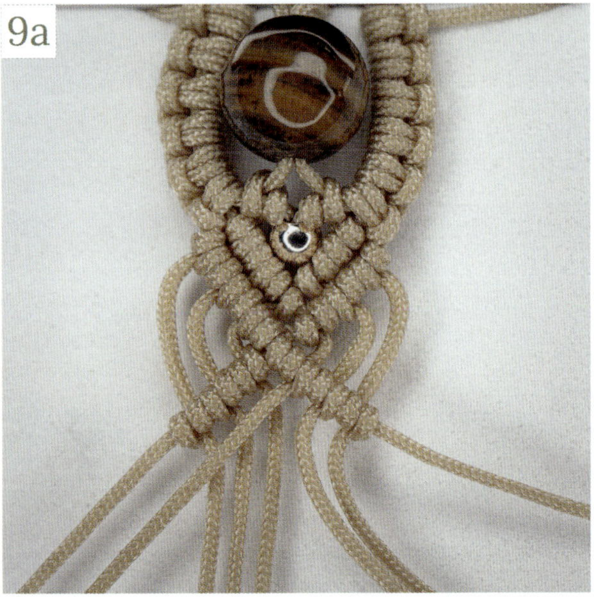

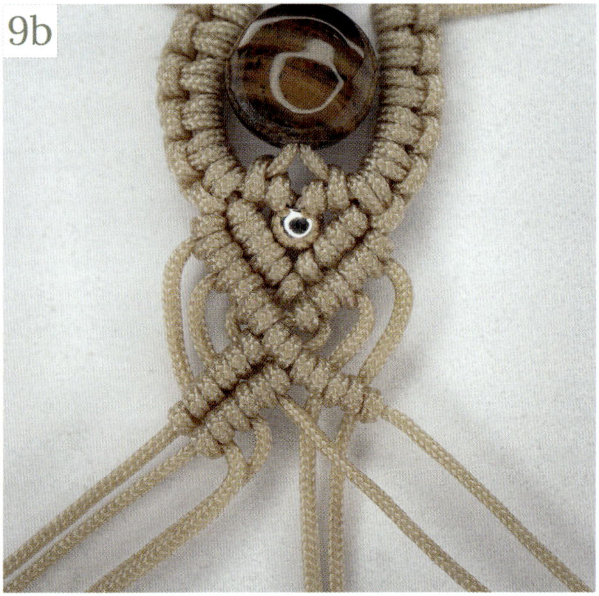

10

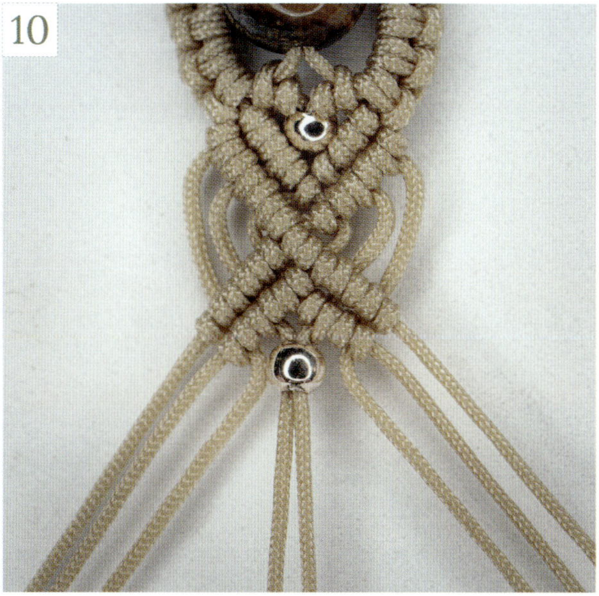

10 Ziehe eine weitere Perle (3 mm) über die beiden Mittelfäden auf.

11 Umknüpfe die Perle mit Rippenknoten. Nimm dir hierfür den ersten Faden der unteren Rippenknotenreihe von links und lege ihn als Führfaden diagonal zur Mitte nach unten. Knüpfe Rippenknoten über 2 Fäden.

Wiederhole dies auch auf der anderen Seite und knüpfe beide Reihen in der Mitte zusammen.

11a

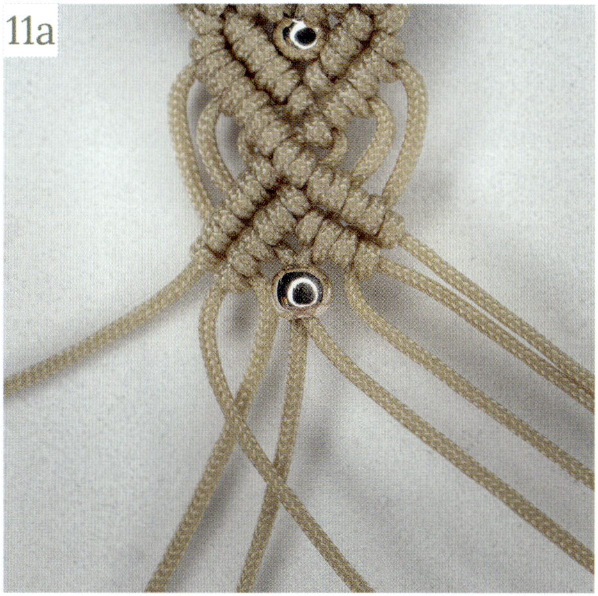

11b

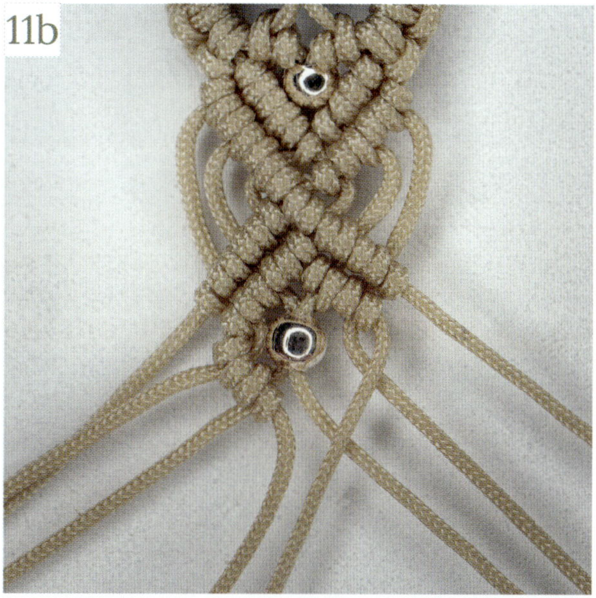

12 Wiederhole Schritt 11 für eine doppelte Rippenknotenreihe. Nutze hierfür den ersten Faden der oberen Rippenknotenreihe und knüpfe Rippenknoten über die folgenden 3 Fäden zur Mitte hin.

Wiederhole dies auch auf der anderen Seite, indem du den letzten Faden auf der rechten Seite diagonal nach links unten legst und über die folgenden 3 Fäden die nächste Rippenknotenreihe knüpfst.

Verschließe beide Reihen in der Mitte mit einem Rippenknoten.

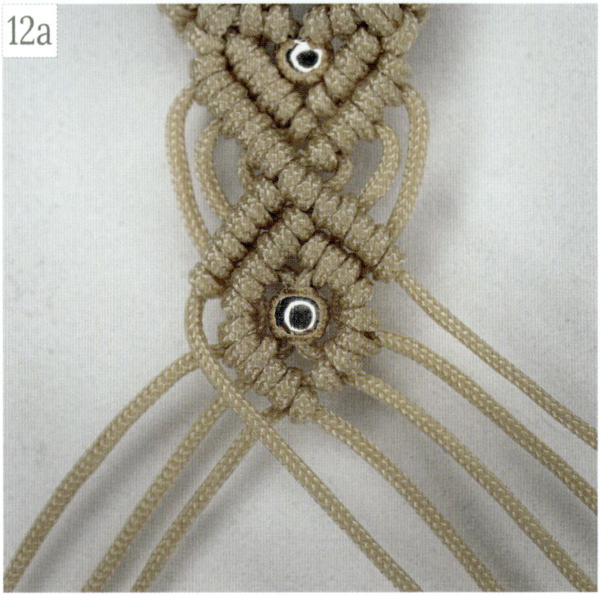
12a

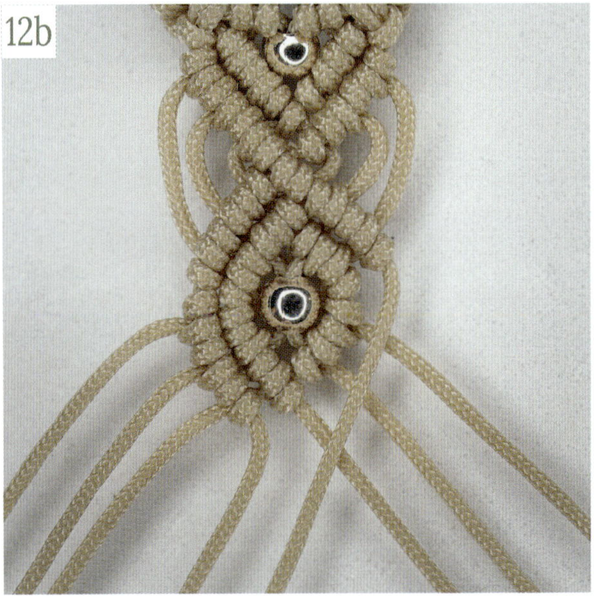
12b

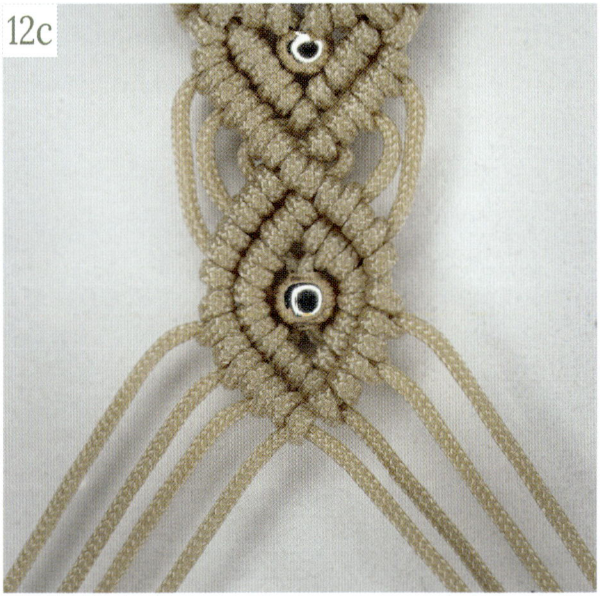
12c

13 Wiederhole Schritt 12 für weitere zwei Rippenknotenreihen rechts und links.

14 Drehe dein Projekt und wiederhole die Schritte 3 bis 13 auch auf der anderen Seite. Beginne mit dem Verknüpfen der beiden Mittelfäden unter der Perle.

Um den Ring zu verschließen, drehe dein fertiges Teil auf die Rückseite und falte die beiden Seiten zur Mitte hin zusammen.

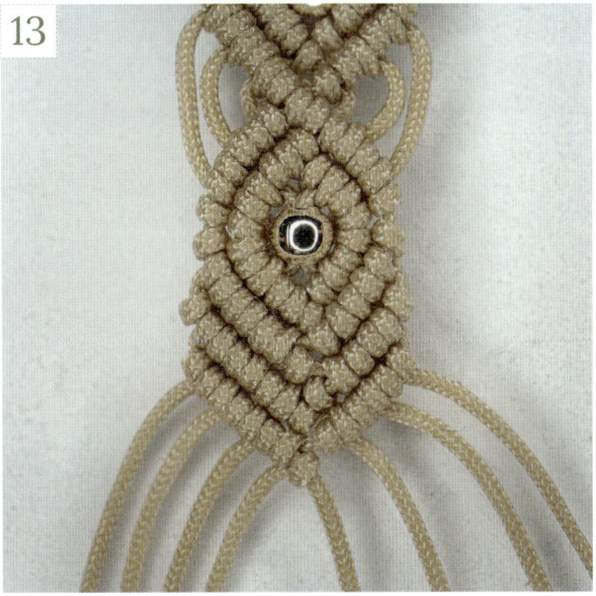
13

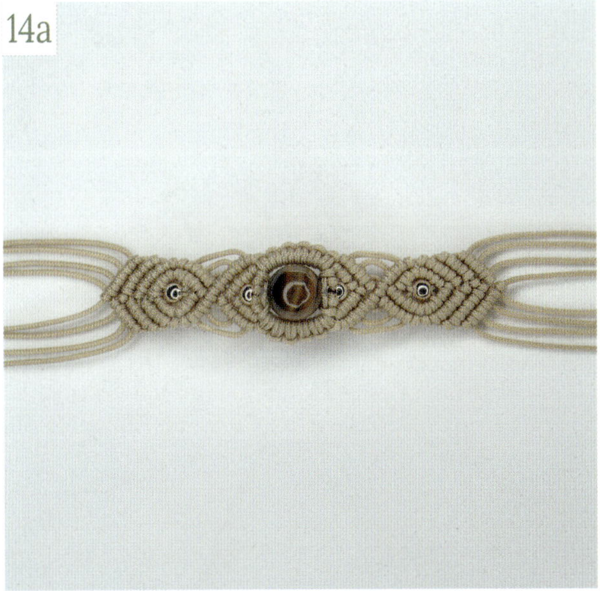
14a

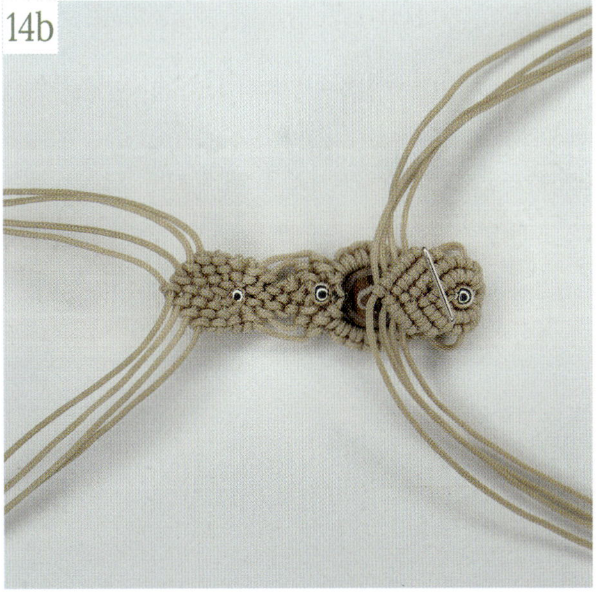
14b

15a

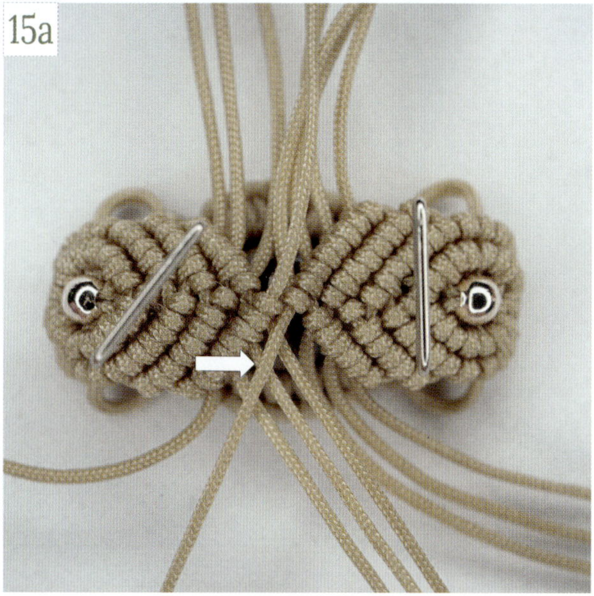

15 Beginne mit dem Verknüpfen des unteren Teils, indem du den ersten Faden von rechts als Führfaden diagonal nach links unten legst (Abbildung 15a).

Knüpfe mit den folgenden 3 Fäden eine Rippenknotenreihe über diesen Führfaden. Lege anschließend den obersten Faden von der linken Seite als Führfaden nach rechts unten herüber (Abbildung 15b).

Knüpfe Rippenknoten über die folgenden 2 Fäden.

15b

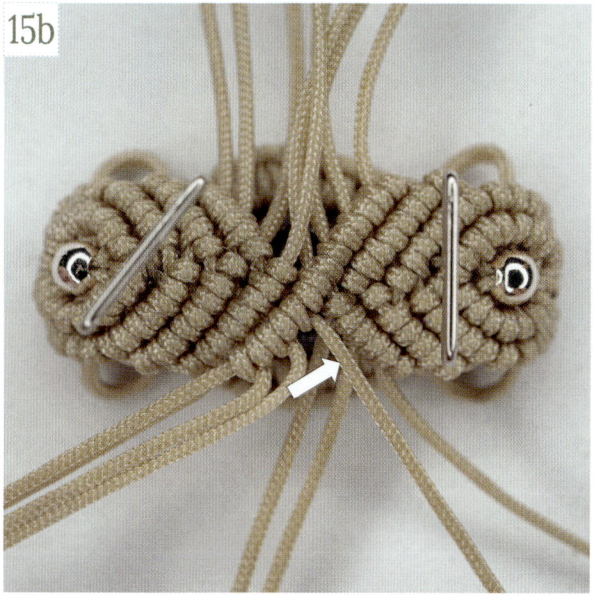

15c

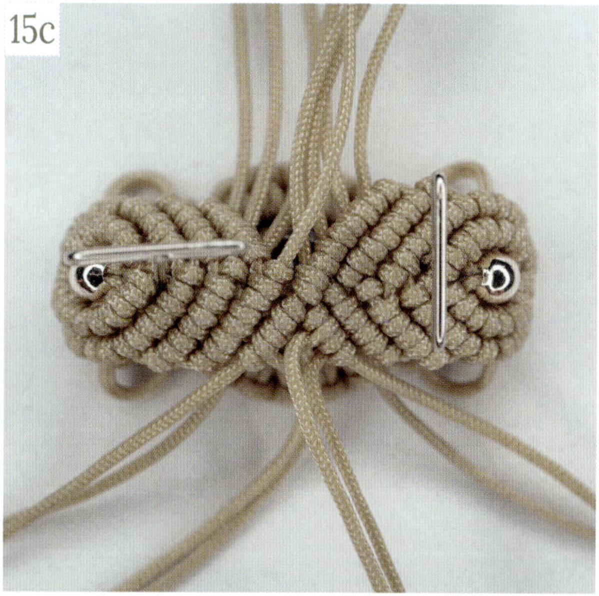

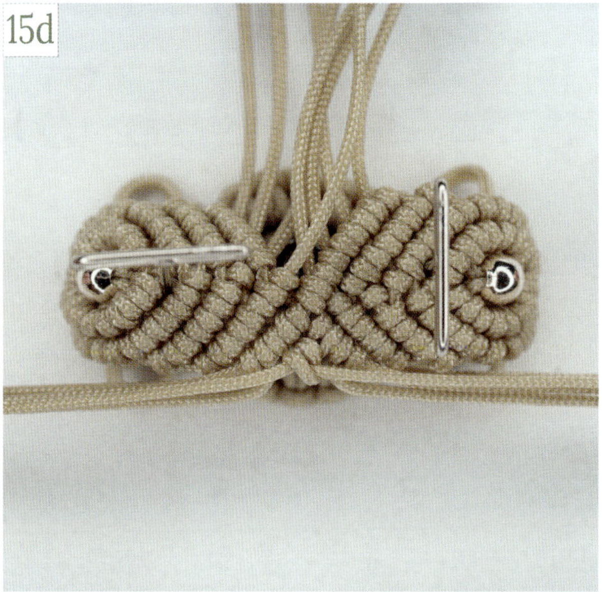

15d

Verschließe die Seite, indem du einen letzten Rippenknoten auf der linken Seite knüpfst.

16 Um auch die obere Seite des Rings zu verschließen, wiederhole nun Schritt 15 auf der oberen Ringseite.

17 Kürze alle Fäden auf etwa 0,5 mm, brenne die Enden an, lege sie nach innen um und drücke sie fest an, damit sich später nichts löst. Dein Ring ist damit fertig.

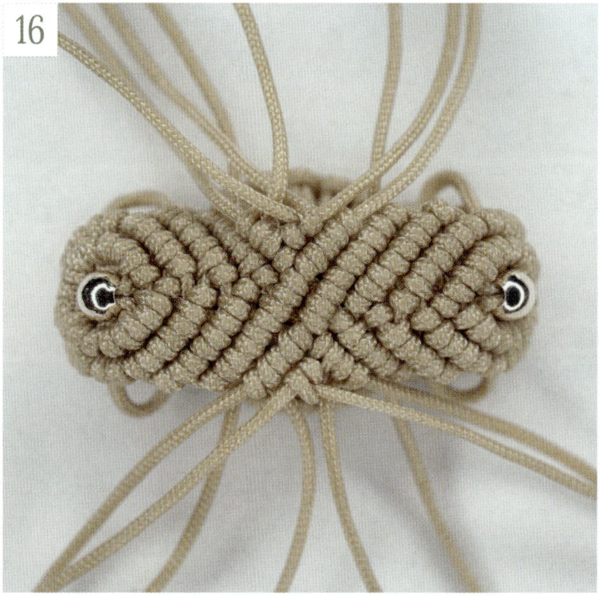

16

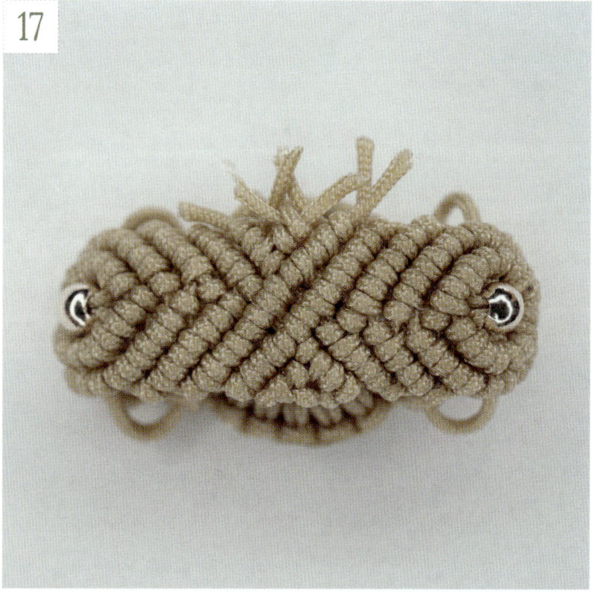

17

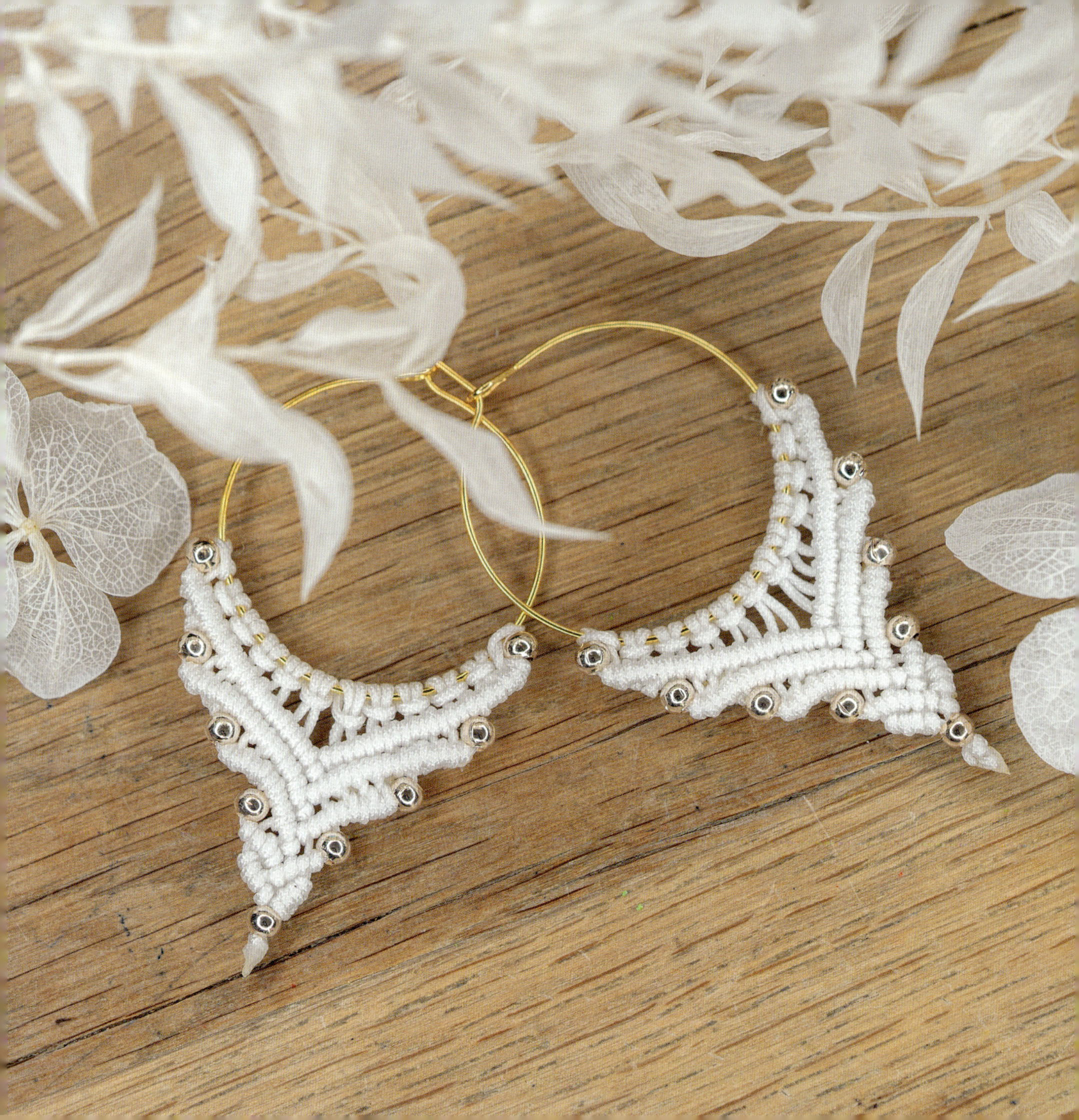

Projekt 8

Ohrringe »Aurora«

Diese Makramee-Ohrringe sind ein tolles DIY-Projekt, denn sie sind schnell gemacht, individuell gestaltbar und ein besonderer Hingucker.

Experimentiere mit Farben und Perlen und schaffe dadurch dein eigenes Unikat.

Egal ob im Alltag, zu besonderen Anlässen oder als Geschenkidee – mit diesen kleinen Kunstwerken liegst du immer goldrichtig.

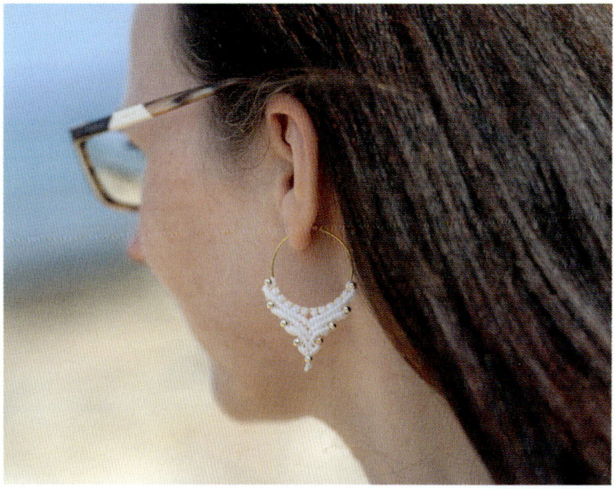

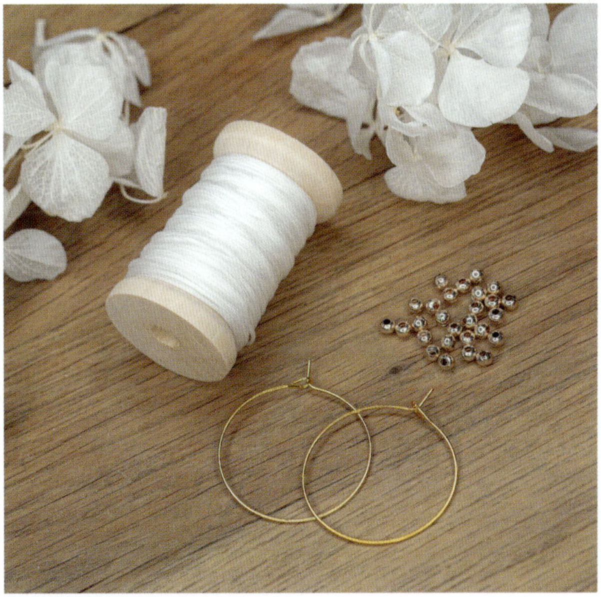

Materialien

- ca. 10 m Mikro-Makramee-Garn (Stärke 1 mm)
- 1 Paar Creolen (Durchmesser ca. 3 cm)
- 18 Perlen 3 mm

Dieses Projekt knüpft sich am besten an einem Klemmbrett.

Zum Auffädeln der Perlen kann eine Perlennadel hilfreich sein.

1 Schneide dir 12 Fäden mit einer Länge von jeweils 0,40 m zurecht und befestige diese im Ankerknoten (Variante von vorn) an deiner ersten Creole.

Tipp

Mit welcher der beiden Creolen du startest, ist egal. Wichtig ist, dass du bei der zweiten Creole darauf achtest, dass der Verschluss genau auf der anderen Seite ist, um eine spiegelverkehrte Variante zu erstellen, da dein fertiger Ohrring später eine Vorder- und eine Rückseite hat.

1a

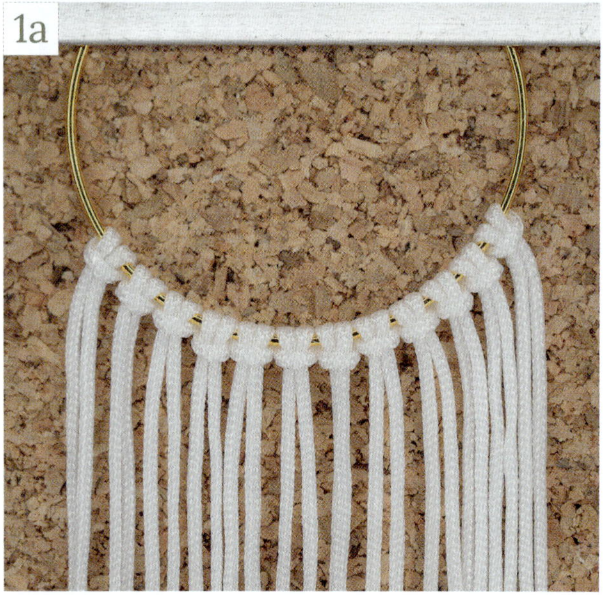

Nimm dir jetzt zwei Perlen und ziehe jeweils eine Perle an den beiden äußeren Fäden rechts und links auf.

Das Muster dieser Ohrringe besteht aus Rippenknotenreihen, die jeweils von außen nach innen geknüpft werden. Unterteile dir hierfür dein Projekt zunächst in 2 Hälften. Auf jeder Seite befinden sich 12 Fäden.

1b

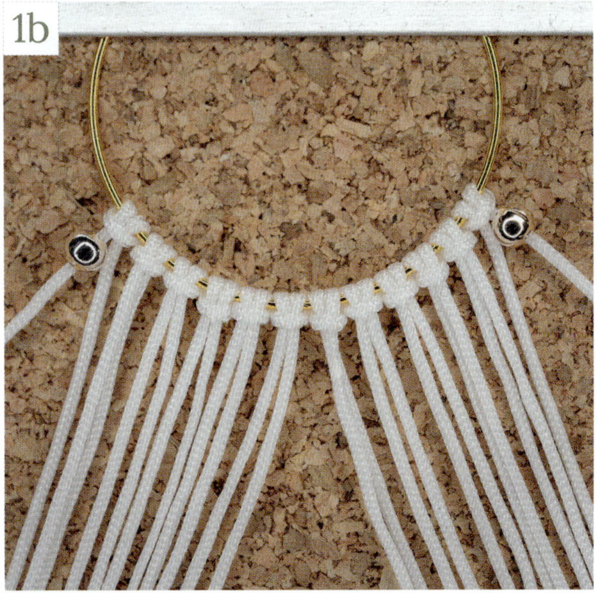

2a
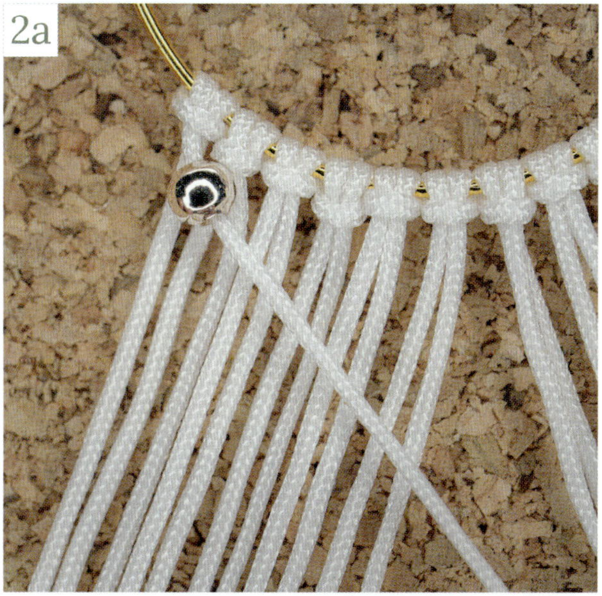

2 Beginne auf der linken Seite. Nimm den ersten Faden, auf dem du die Perle aufgefädelt hast, und führe diesen leicht diagonal nach rechts unten.

Umknüpfe diesen Führfaden mit den folgenden 11 Fäden zur Mitte hin mit einer Rippenknotenreihe.

Wiederhole dies auch auf der anderen Seite, indem du den letzten Faden von rechts leicht diagonal nach links unten führst und über 11 Fäden Rippenknoten zur Mitte hin knüpfst. Verschließe beide Reihen mit einem Rippenknoten.

2b
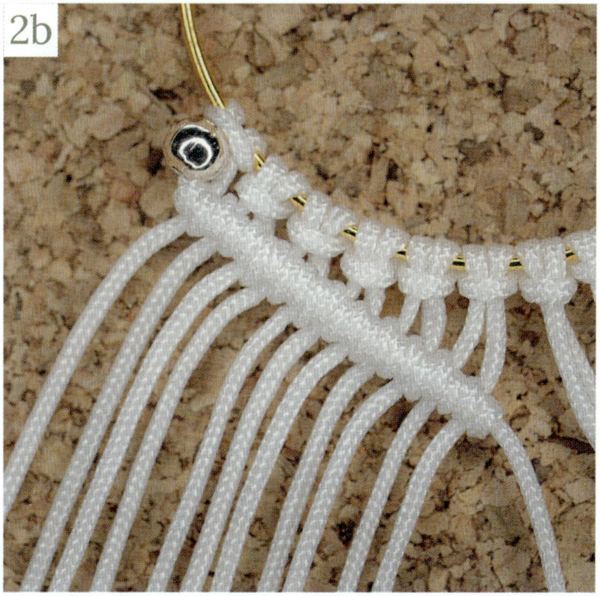

2c
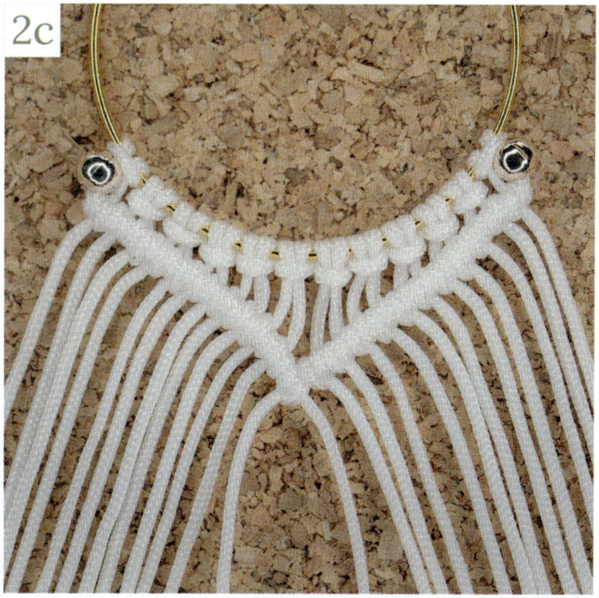

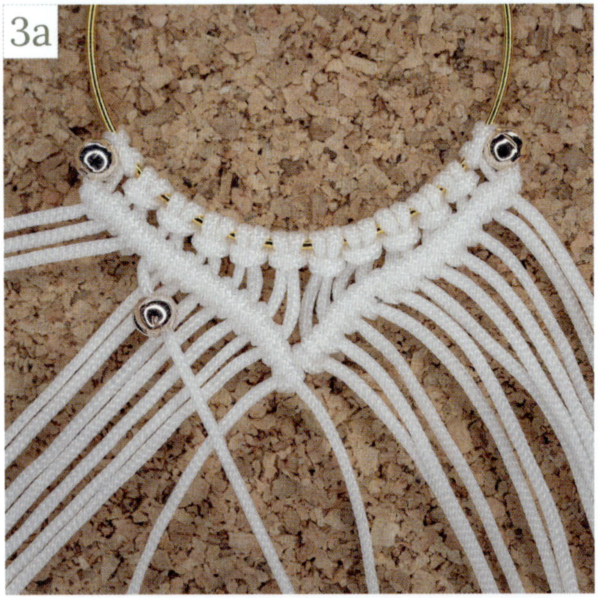

3 Lege die ersten 3 Fäden zur Seite. Ziehe über den vierten Faden eine Perle auf. Wiederhole dies auch auf der anderen Seite.

Knüpfe nun wie in Schritt 2 Rippenknoten von den äußeren Seiten zur Mitte. Bleibe dabei dicht unter der jeweils oberen Reihe.

4 Wiederhole Schritt 3 für zwei weitere Reihen. In der letzten Reihe knüpfst du rechts und links eine zusätzliche Rippenknotenreihe.

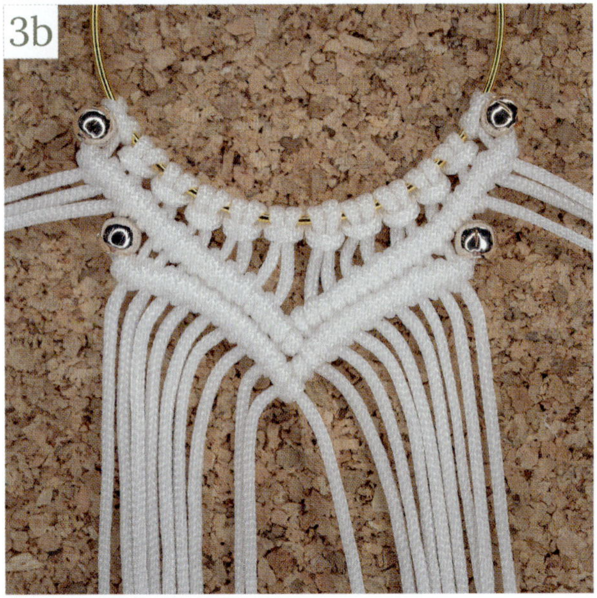

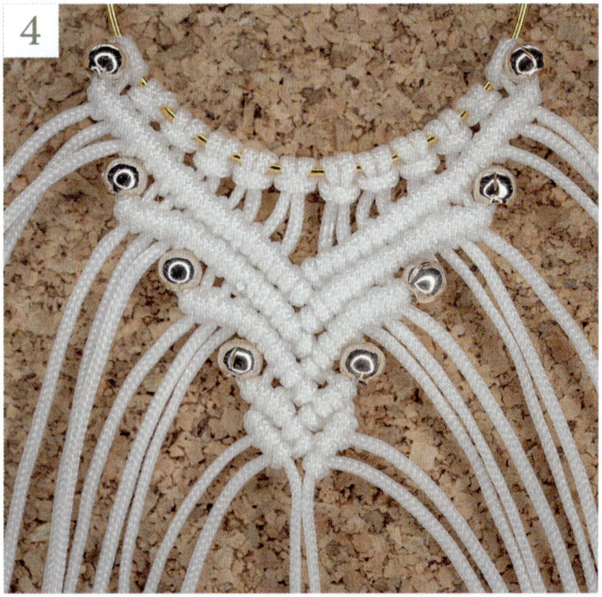

5 Bevor du die beiden letzten Fäden mit einem Rippenknoten verschließt, ziehe eine letzte Perle auf.

6 Kürze alle Fadenenden auf etwa 0,7 mm. Brenne die Enden jeweils nur ein wenig an, lege sie nach innen um und drücke sie auf der Rückseite fest. Forme mit den untersten beiden Fäden beim Abbrennen eine kleine Spitze unter der letzten Perle.

Wiederhole alle Schritte für die zweite Creole.

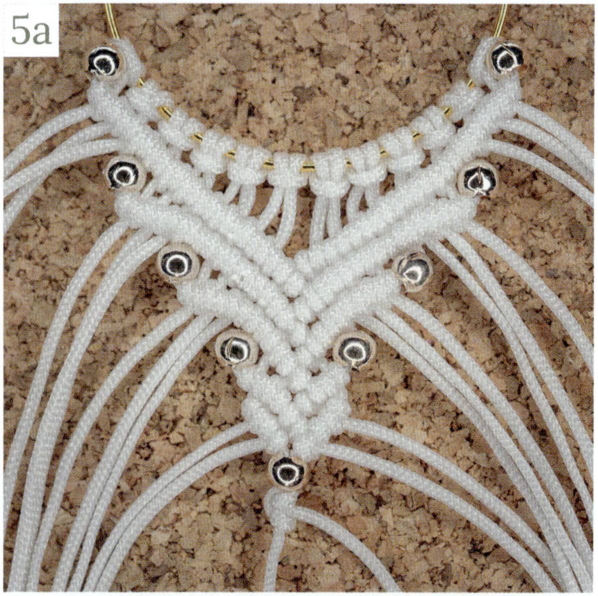
5a

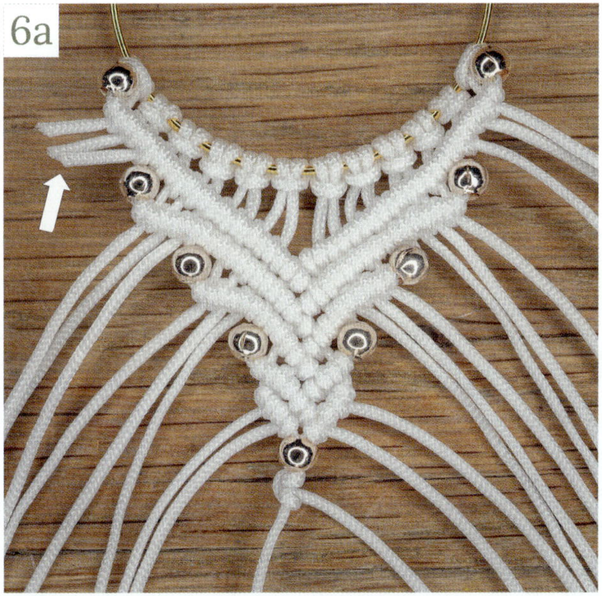
6a

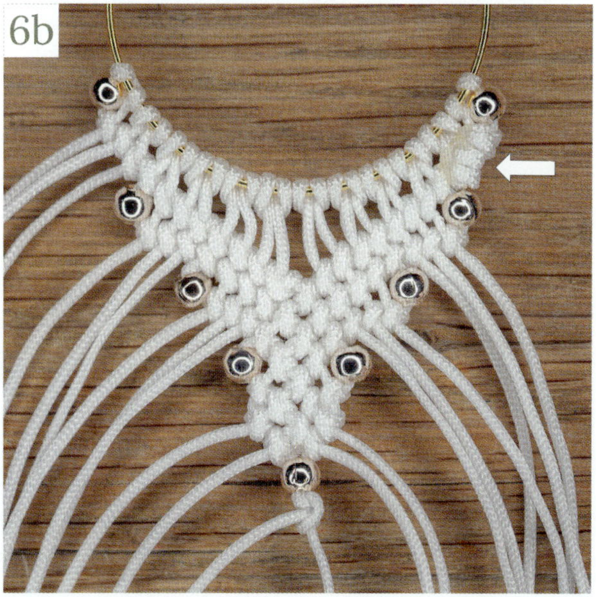
6b

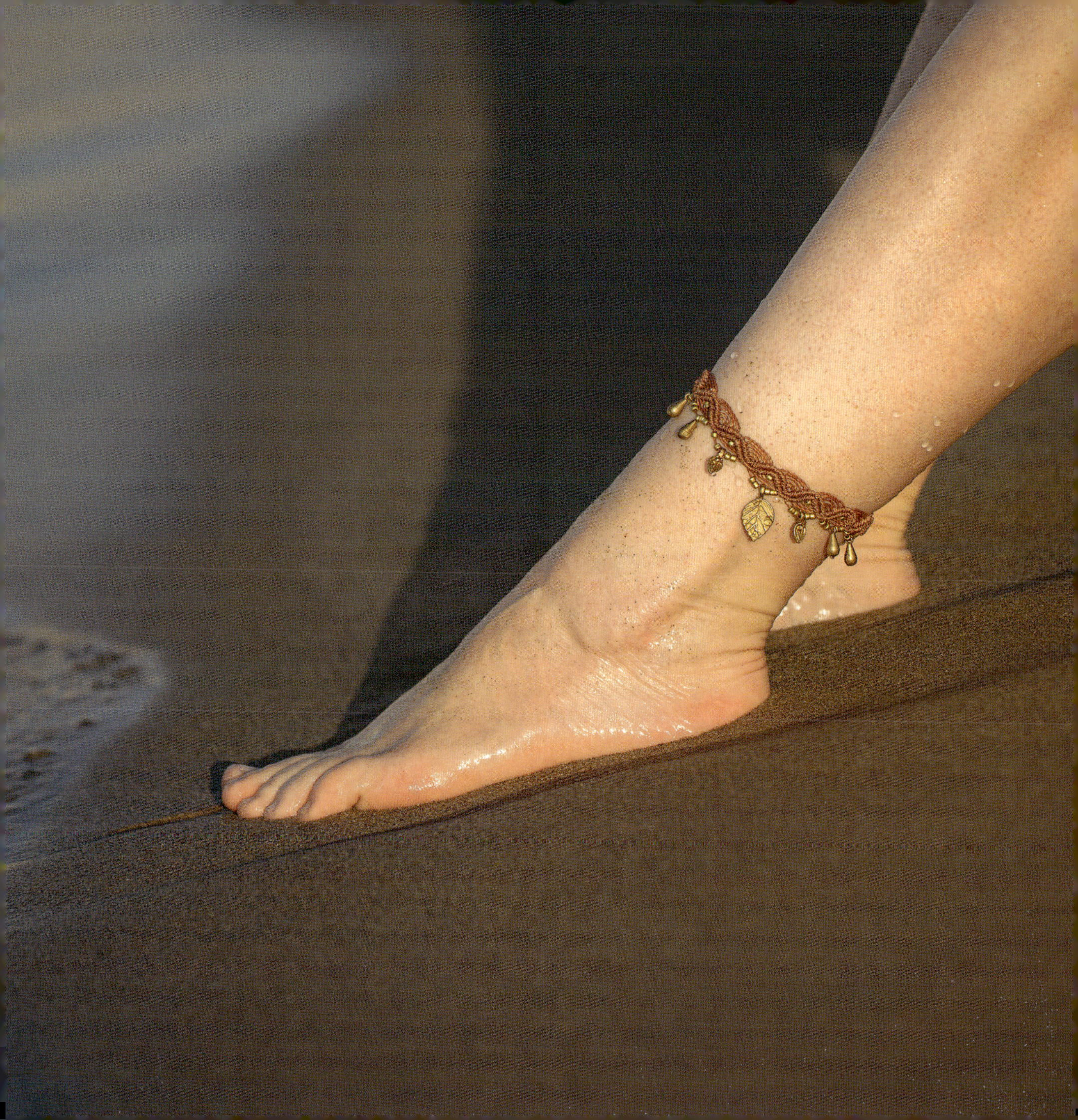

Projekt 9

Fußkettchen »Meereswelle«

Ein lauer Sommerabend am Strand: Feiner Sand unter den Füßen, das Rauschen des Meeres in den Ohren, die salzige Luft kitzelt in der Nase, kleine Wellen brechen sich übermütig im warmen Licht der untergehenden Sonne. Das Gefühl sommerlicher Leichtigkeit.

Lass uns ein Fußkettchen knüpfen mit dem Muster der wogenden Wellen, den goldenen Strahlen eines perfekten Sonnenuntergangs und den salzigen Tropfen des Meeres.

Tipp

Für den perfekten Boho-Sommer-Look eignen sich für dieses Projekt Anhänger und Perlen in antikem Gold. Diese sind meist etwas gröber in der Gestaltung und unterstreichen das Design dieses Kettchens perfekt. Ich nutze für diese Kette 7 Anhänger, darunter 1 großes Blatt (12 mm x 23 mm), 2 kleine Blätter (5 mm x 12 mm) und 4 Tropfen (6 mm x 12 mm).

Materialien

- ca. 10 m Mikro-Makramee-Garn (gedreht)
- 7 Anhänger
- 47 Glasperlen/Rocailles (3 mm)
- 2 Glasperlen/Rocailles (4 mm)

Zum Knüpfen empfehle ich dir ein Klemmbrett. Zum Auffädeln der Perlen kann eine Perlennadel hilfreich sein.

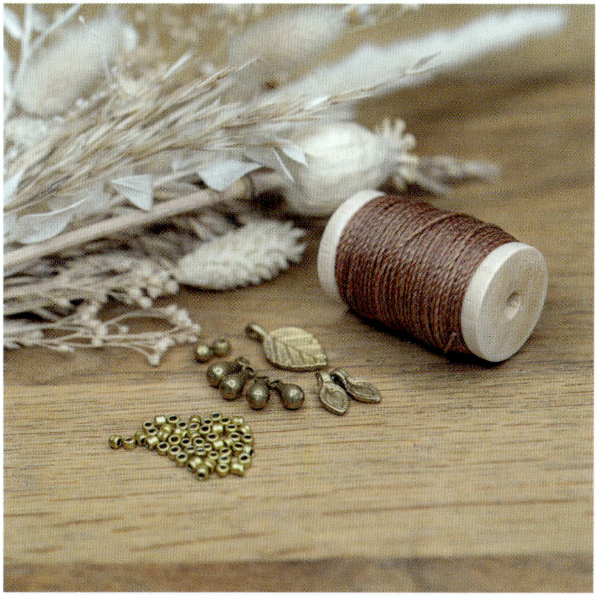

1 Schneide dir 8 Fäden mit einer Länge von 1,20 m zu. Die ersten 0,20 m der Fäden verknüpfen wir erst später, daher befestige dein Garn so, dass die Fäden nach unten etwa 1 m lang sind.

Wir knüpfen im Wellenmuster. Lege dir dafür den vorletzten Faden als Führfaden diagonal von der rechten zur linken Seite und knüpfe über die ersten 6 Fäden von rechts oben nach links unten eine Rippenknotenreihe.

Wiederhole diesen Schritt mit dem letzten Faden.

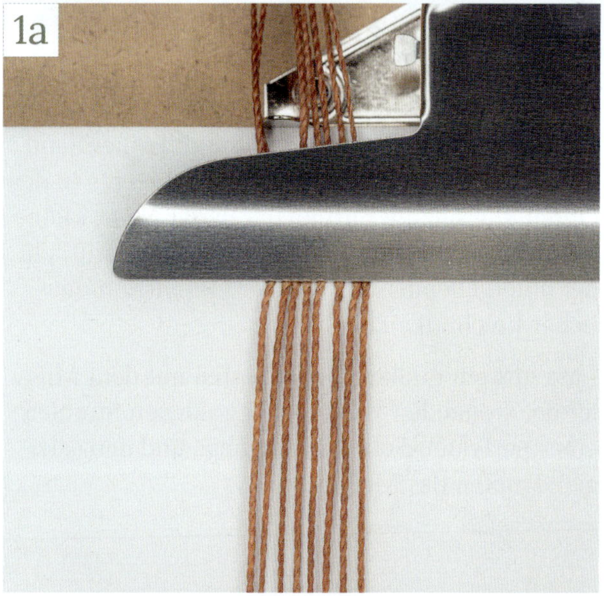
1a

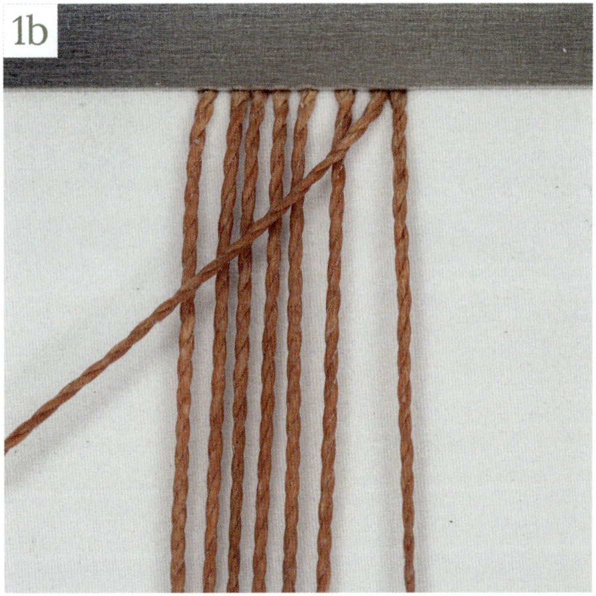
1b

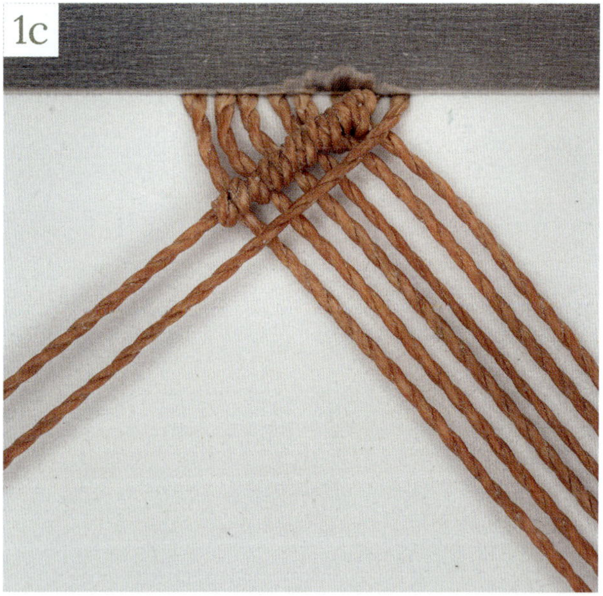
1c

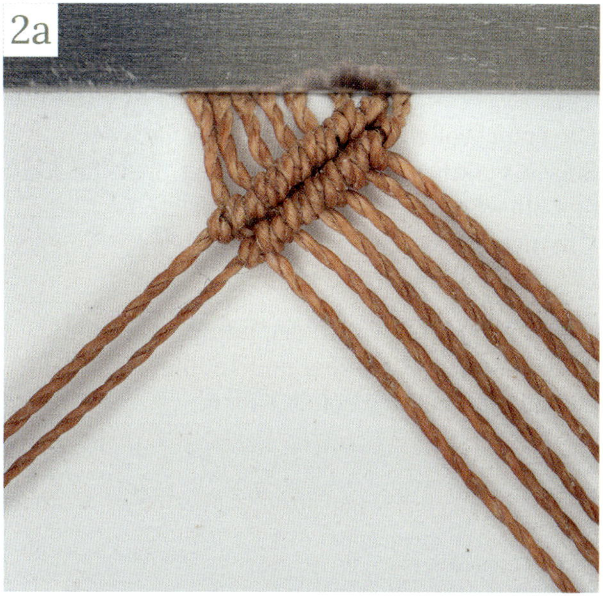
2a

2

Die ersten beiden Rippenknotenreihen sollten schön eng übereinanderliegen.

Nimm den Führfaden der unteren Rippenknotenreihe und führe ihn diagonal von links nach rechts unten.

Knüpfe Rippenknoten über die 6 folgenden Fäden.

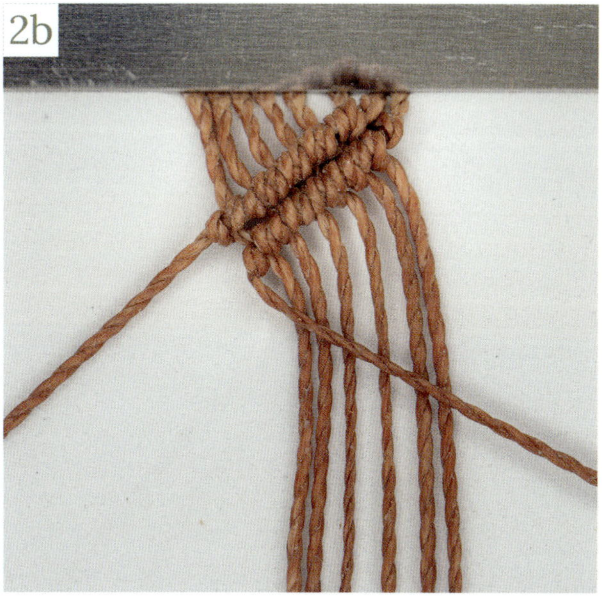
2b

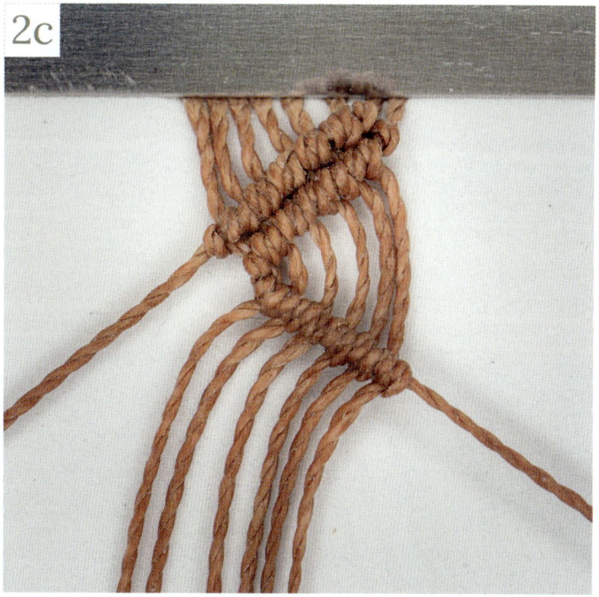
2c

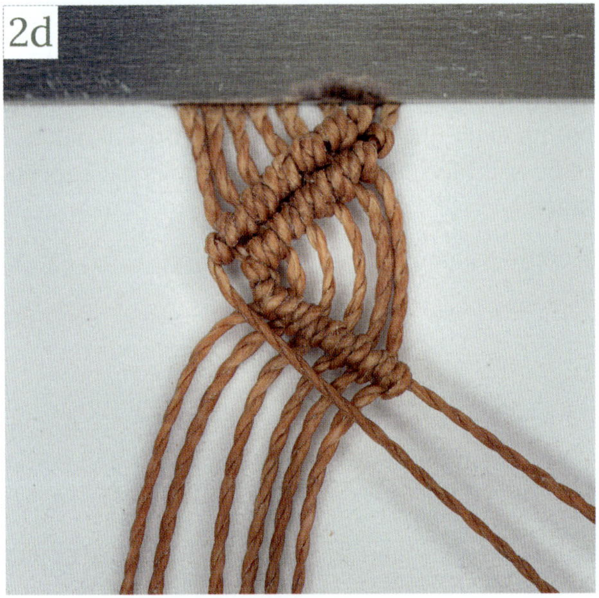
2d

Wiederhole diesen Teilschritt mit dem Führfaden der oberen Rippenknotenreihe, die du als Erstes geknüpft hast.

Die erste Welle ist damit fertig. Im nächsten Schritt verknoten wir die Fäden auf dieselbe Art – nun allerdings in die entgegengesetzte Richtung. Um unser Projekt zu veredeln, setzen wir in jeder zweiten Welle Perlen und Anhänger ein.

Lege den unteren Führfaden nun wieder von rechts nach links herüber und knüpfe einen Rippenknoten über den ersten Faden.

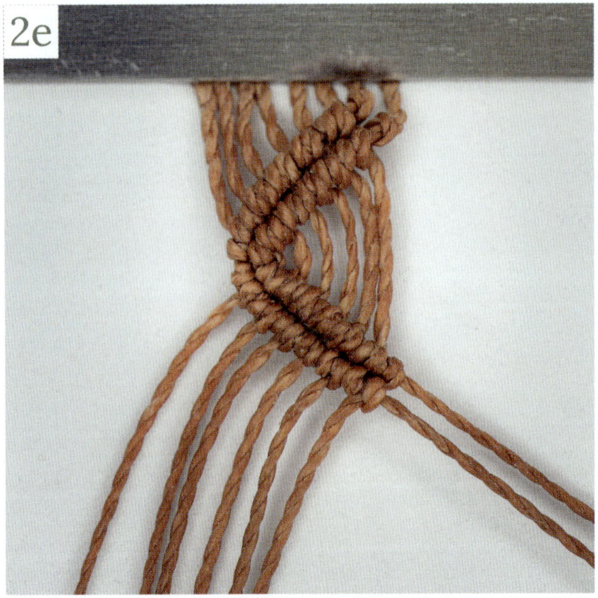
2e

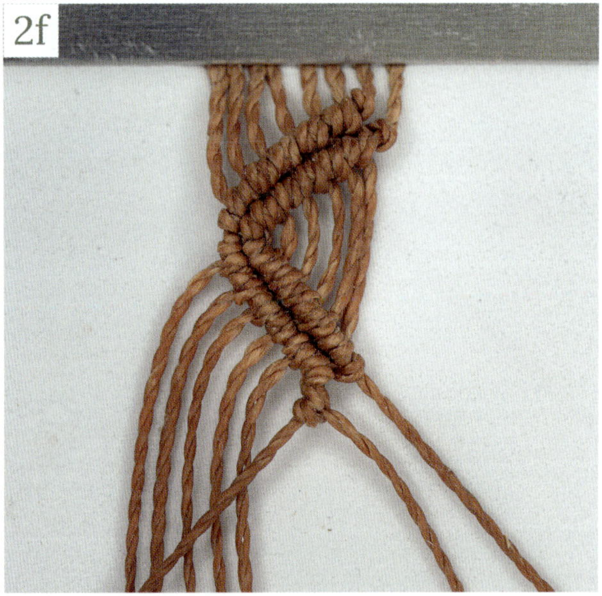
2f

3 Den ersten Faden hast du mit einem Rippenknoten verknüpft. Auf den zweiten Faden fädelst du nun eine Perle (Größe 3 mm) auf.

Auf den letzten Faden ziehst du 5 weitere Perlen (Größe 3 mm) auf. Verknüpfe alle Fäden zu einer Rippenknotenreihe.

Nimm anschließend den zweiten Führfaden und knüpfe auch mit diesem eine Rippenknotenreihe diagonal von rechts oben nach links unten. Wir haben jetzt die erste Sequenz geknüpft.

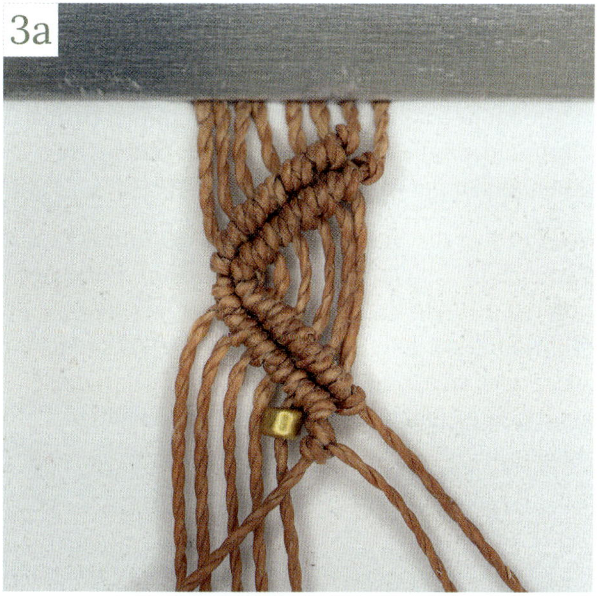

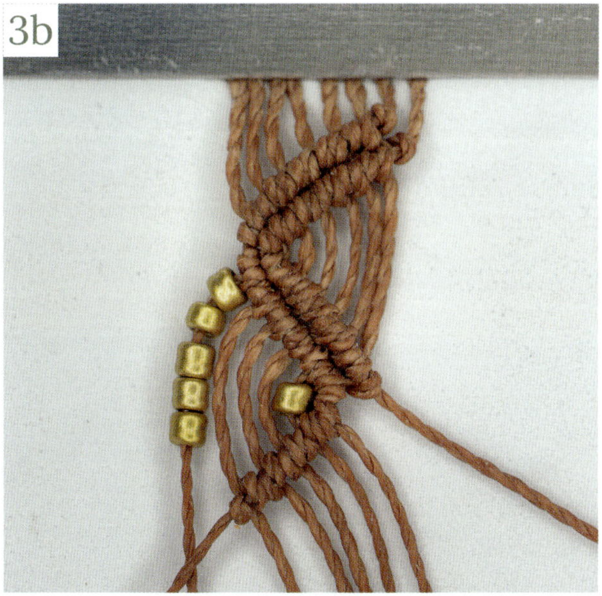

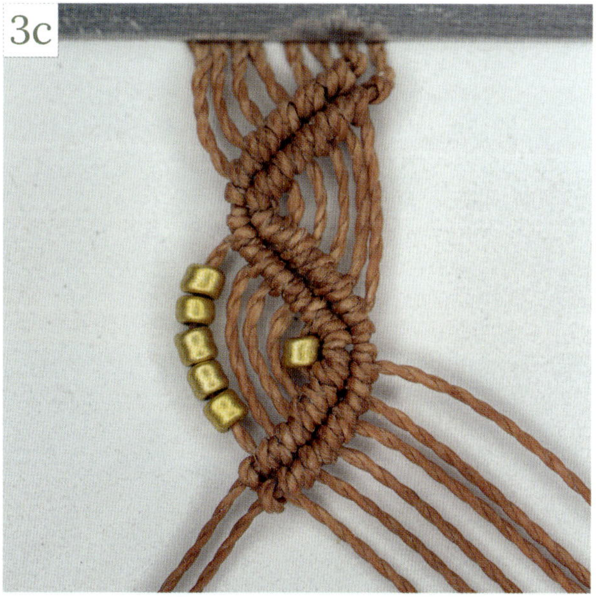

4 Wiederhole Schritt 2 und 3. Ziehe in der zweiten Sequenz nun jedoch in der untersten Reihe nicht 5 sondern nur 4 Perlen in der Größe 3 mm auf. In die Mitte der 4 Perlen fädelst du einen Anhänger in Tropfenform auf.

Wiederhole die Schritte 2 und 3 für weitere 7 Sequenzen. Ersetze jeweils die mittlere Perle der untersten Reihe durch einen Anhänger wie in Abbildung 4a. Die Reihenfolge der verschiedenen Anhänger siehst du in Abbildung 4c. Du kannst auch deine eigene Kombination der Anhänger wählen.

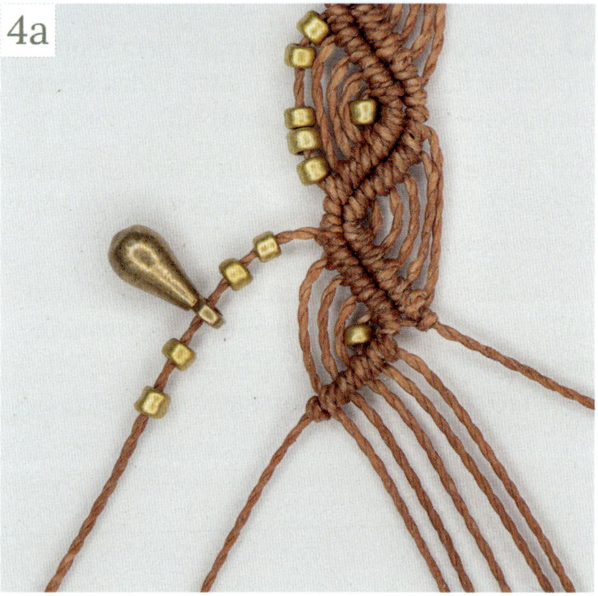
4a

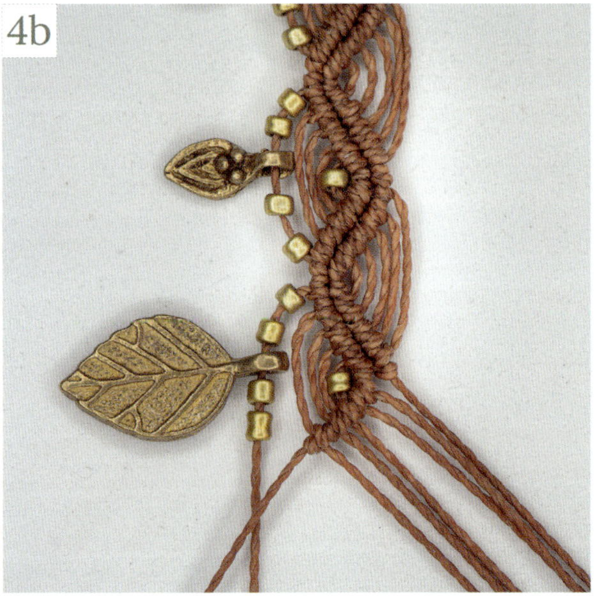
4b

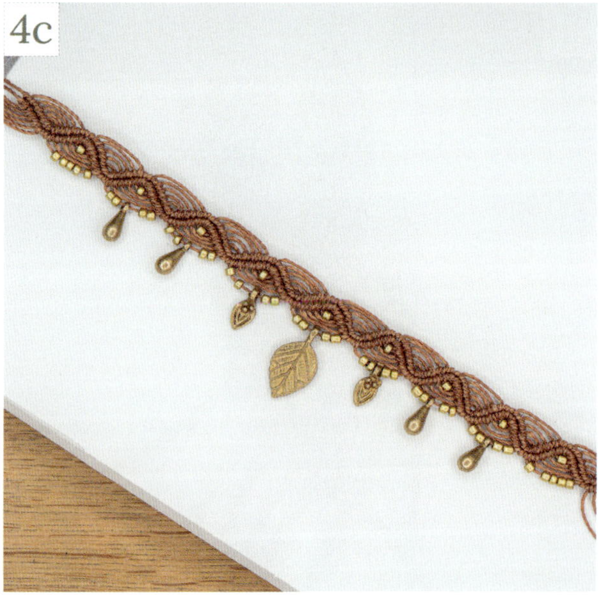
4c

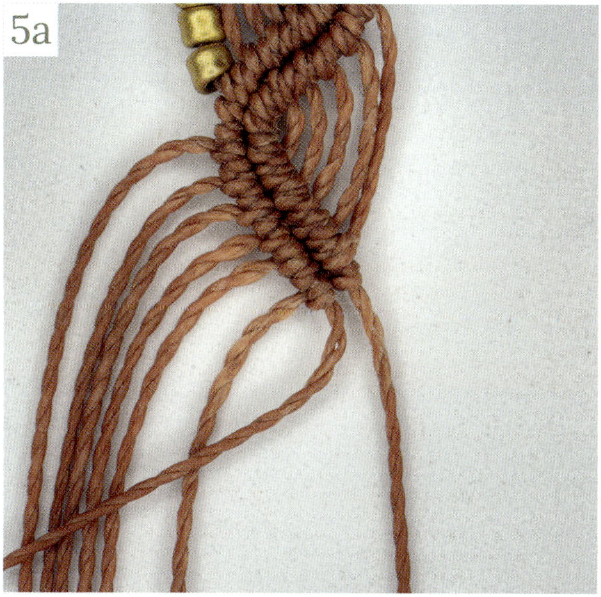
5a

5 Knüpfe eine letzte Welle von links nach rechts.

Für den Abschluss knüpfe zunächst über den unteren Führfaden einen Rippenknoten gerade nach unten. Wiederhole dies mit dem zweiten Führfaden.

Verknüpfe anschließend beide Führfäden mit einem Rippenknoten miteinander. Ziehe den letzten Knoten schön fest an, damit sich später nichts löst.

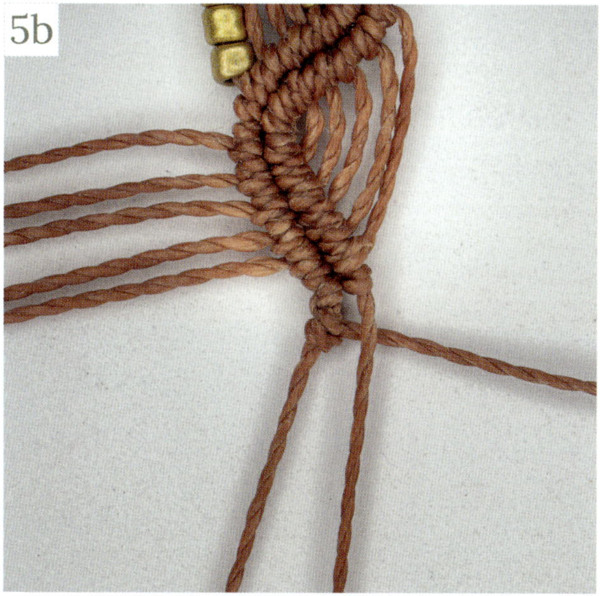
5b

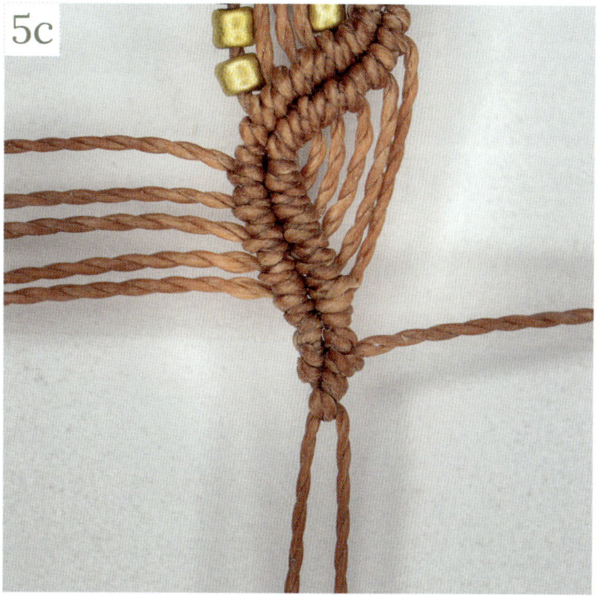
5c

6 Kürze alle Fäden (mit Ausnahme der beiden Führfäden) und brenne die Enden sauber ab. Wiederhole diesen Schritt auch auf der anderen Seite.

Verknote die Fäden auf beiden Seiten im Abstand von etwa 10 cm nach dem Muster. Fädele eine Perle (Größe 4 mm) auf und befestige diese mit einem weiteren Knoten. Kürze die Enden und brenne diese ab.

6a

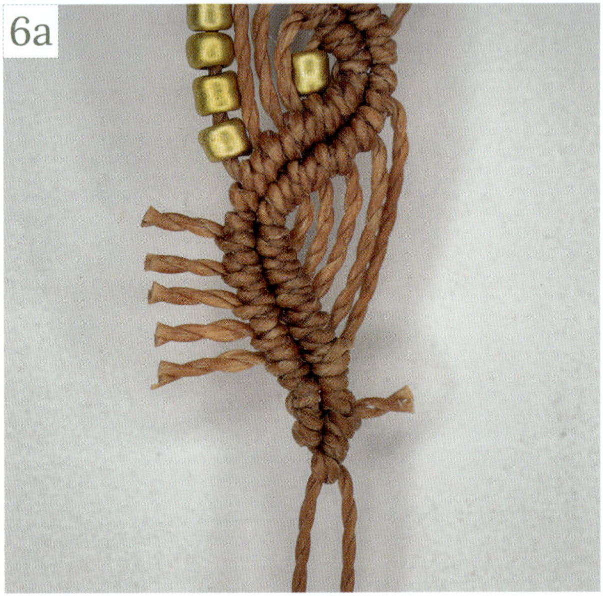

6b

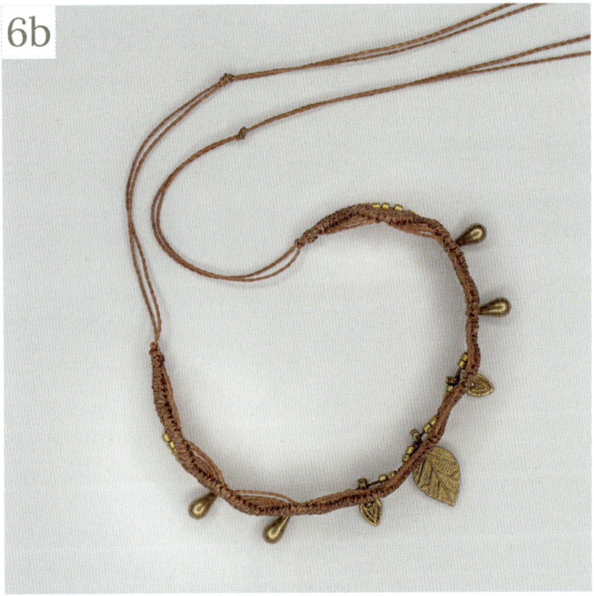

6c

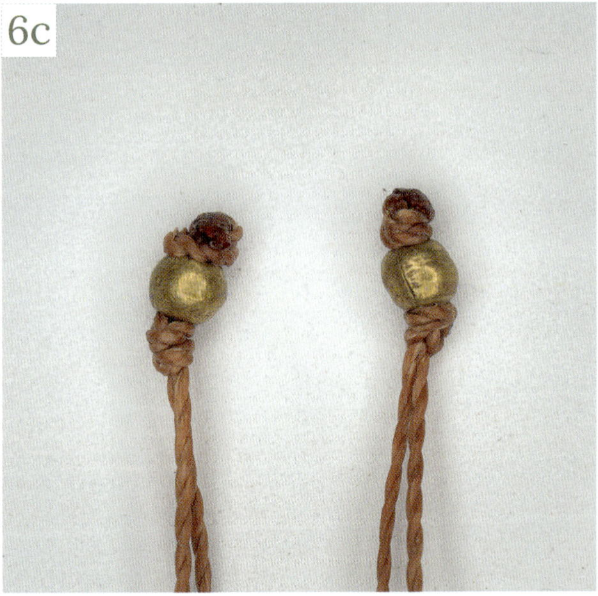

7a

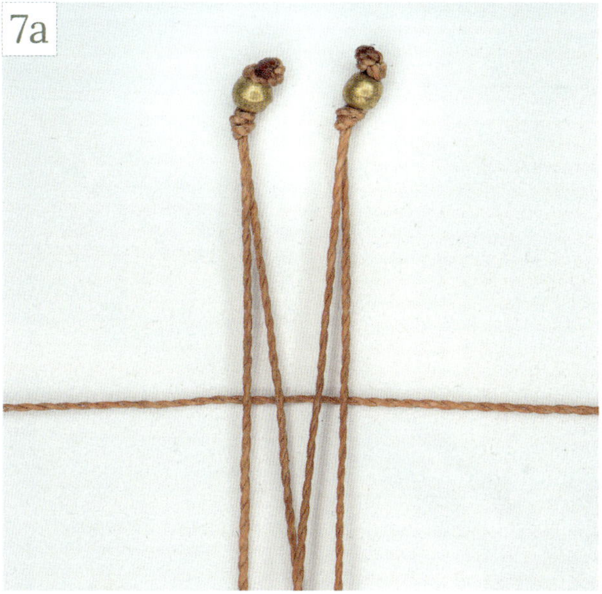

7 Verschluss

Lege beide Enden des Fußkettchens nebeneinander. Schneide dir einen zusätzlichen Faden von etwa 0,30 m zu. Lege diesen unter die Fäden der beiden Enden (Abbildung 7a).

Knüpfe mit diesem zusätzlichen Faden zwei Kreuzknoten untereinander über alle Fäden.

Ziehe den letzten Knoten schön fest an, kürze die seitlichen Fäden und brenne die Enden sauber ab. Durch Verschieben des Verschlusses kannst du deine Fußkette enger und weiter machen.

7b

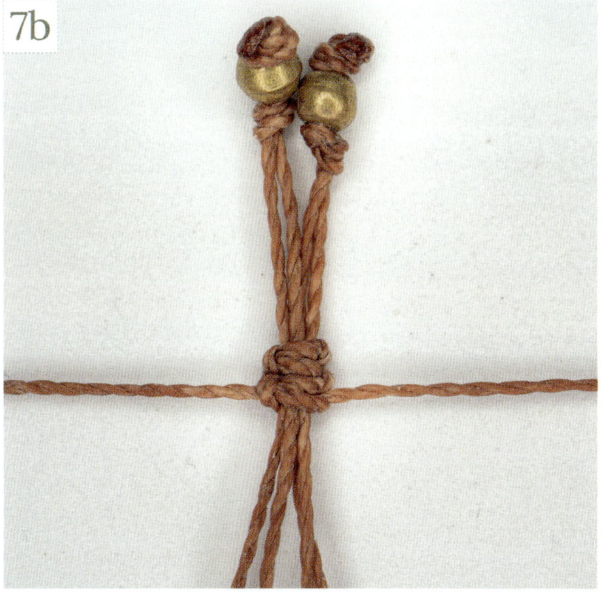

7c

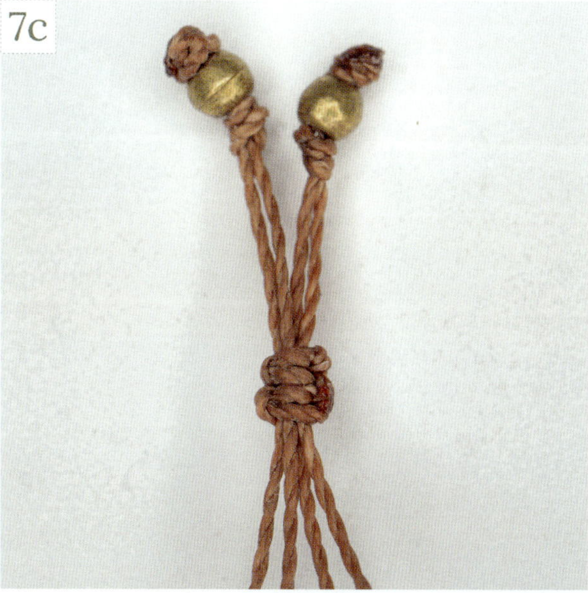

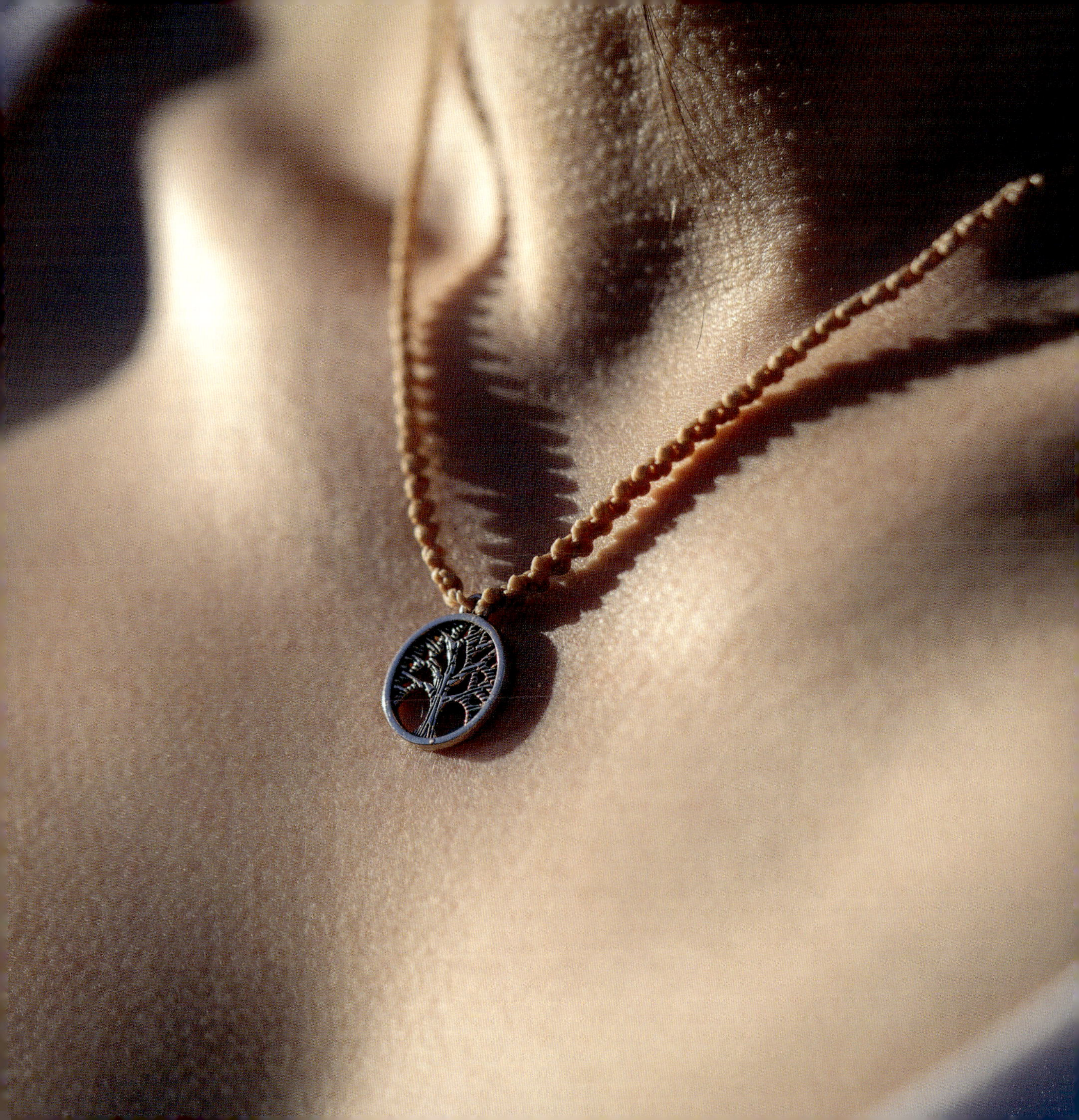

Projekt 10

Halskette »Ewige Wurzeln«

Der Lebensbaum steht seit jeher als Symbol für Stärke, Weisheit und des ewigen Kreislaufs des Lebens und wird daher gern für Schmuckstücke genutzt.

Ich zeige dir, wie du dir eine hübsche Halskette mit diesem bedeutungsvollen Anhänger kreierst. Ob als Symbol für Neubeginn, innere Balance oder einfach als Zeichen deiner Naturverbundenheit – diese Kette begleitet dich mit einer besonderen Energie.

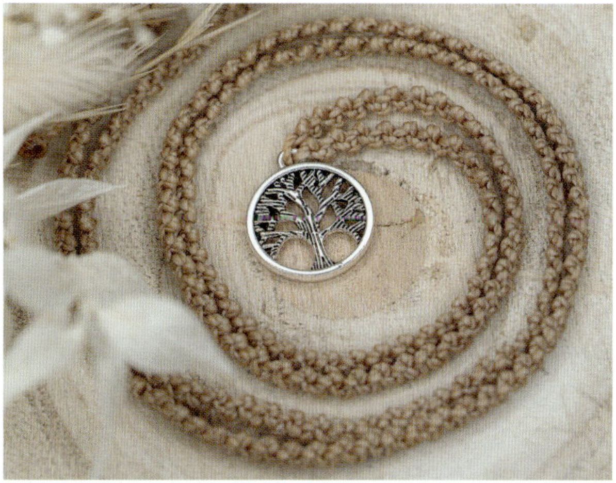

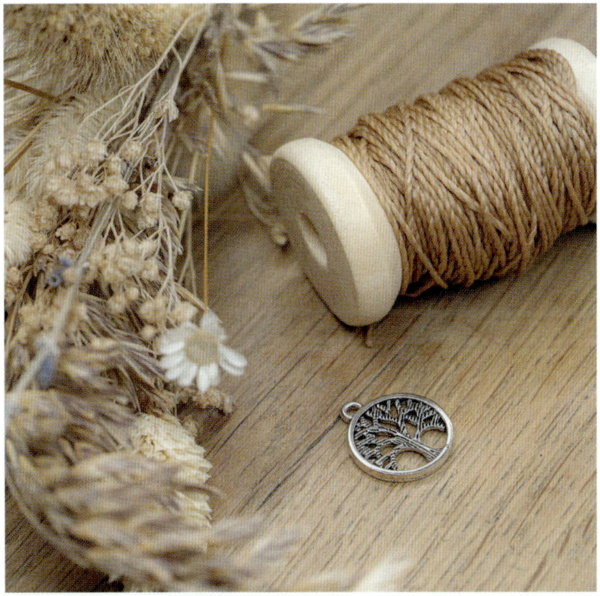

Materialien

- 1 Anhänger »Lebensbaum«
- ca. 5,50 m Mikro-Makramee-Garn

Ich nutze für diese Kette ein gedrehtes Garn in der Stärke 1 mm. Du kannst aber auch ein geflochtenes Garn verwenden.

Zum Knüpfen empfehle ich dir ein Klemmbrett, an dem du dein Projekt befestigen kannst.

1

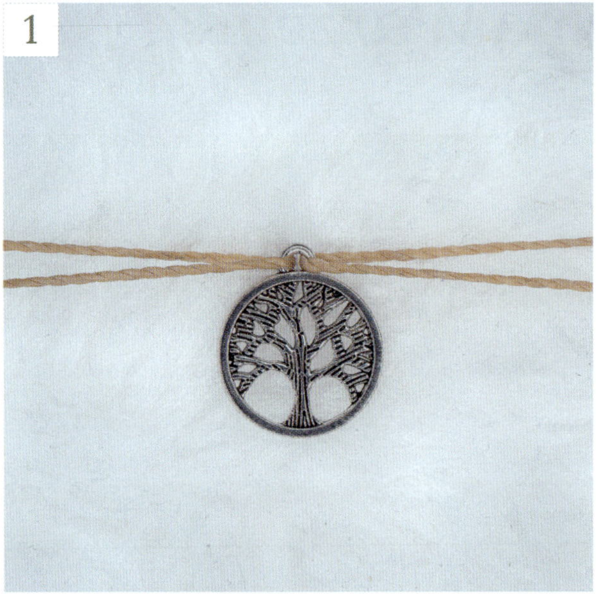

1 Schneide dir 2 Fäden mit einer Länge von jeweils 2,60 m zurecht und ziehe je einen Faden rechts und links so durch deinen Anhänger, dass die Fadenenden auf jeder Seite doppelt übereinander liegen.

2 Für das Muster knüpfe zunächst einen halben Rippenknoten mit dem linken um den rechten Faden (Abbildung 2a).

Anschließend knüpfst du einen halben Rippenknoten mit dem rechten um den linken Faden (Abbildung 2b).

2a

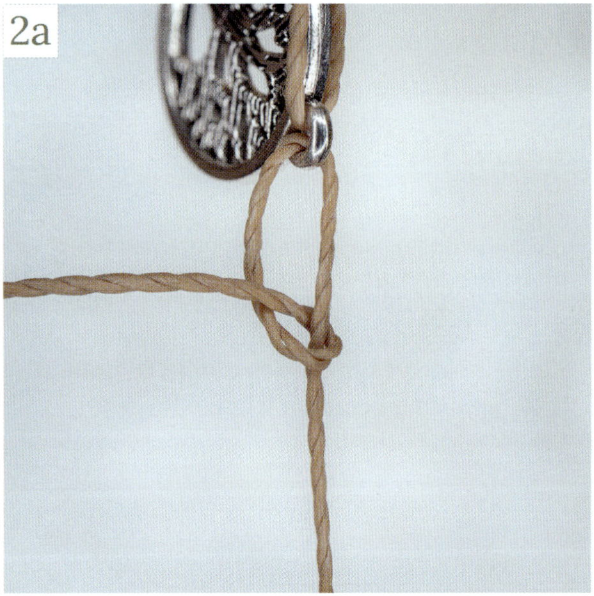

2b

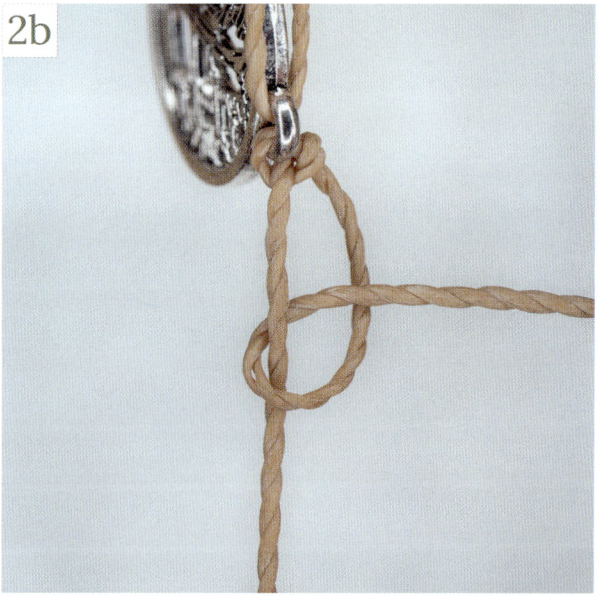

3 Wiederhole das Muster auf beiden Seiten für etwa 35 cm.

4 Forme dein geknüpftes Stück zu einem Kreis und führe die Fäden aneinander vorbei. Nimm dir einen zusätzlichen, ca. 0,30 m langen Faden, falte diesen mittig und halte ihn am Faltpunkt unter die Fäden der Kette. Knüpfe mit dem zusätzlichen Faden drei Kreuzknoten untereinander. Kürze die Fadenenden und brenne sie ab. Die Enden der Ketten schließt du mit einem Doppelknoten ab.

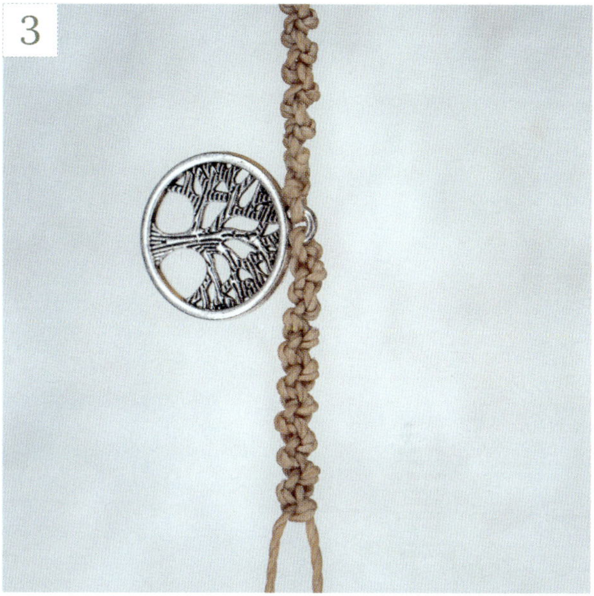
3

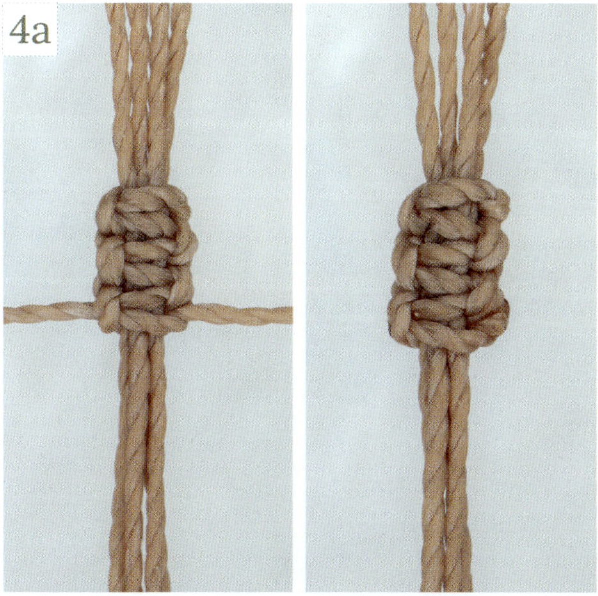
4a

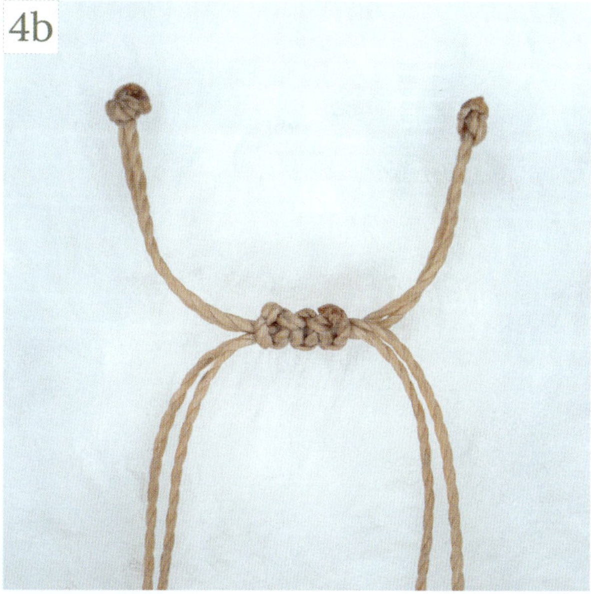
4b

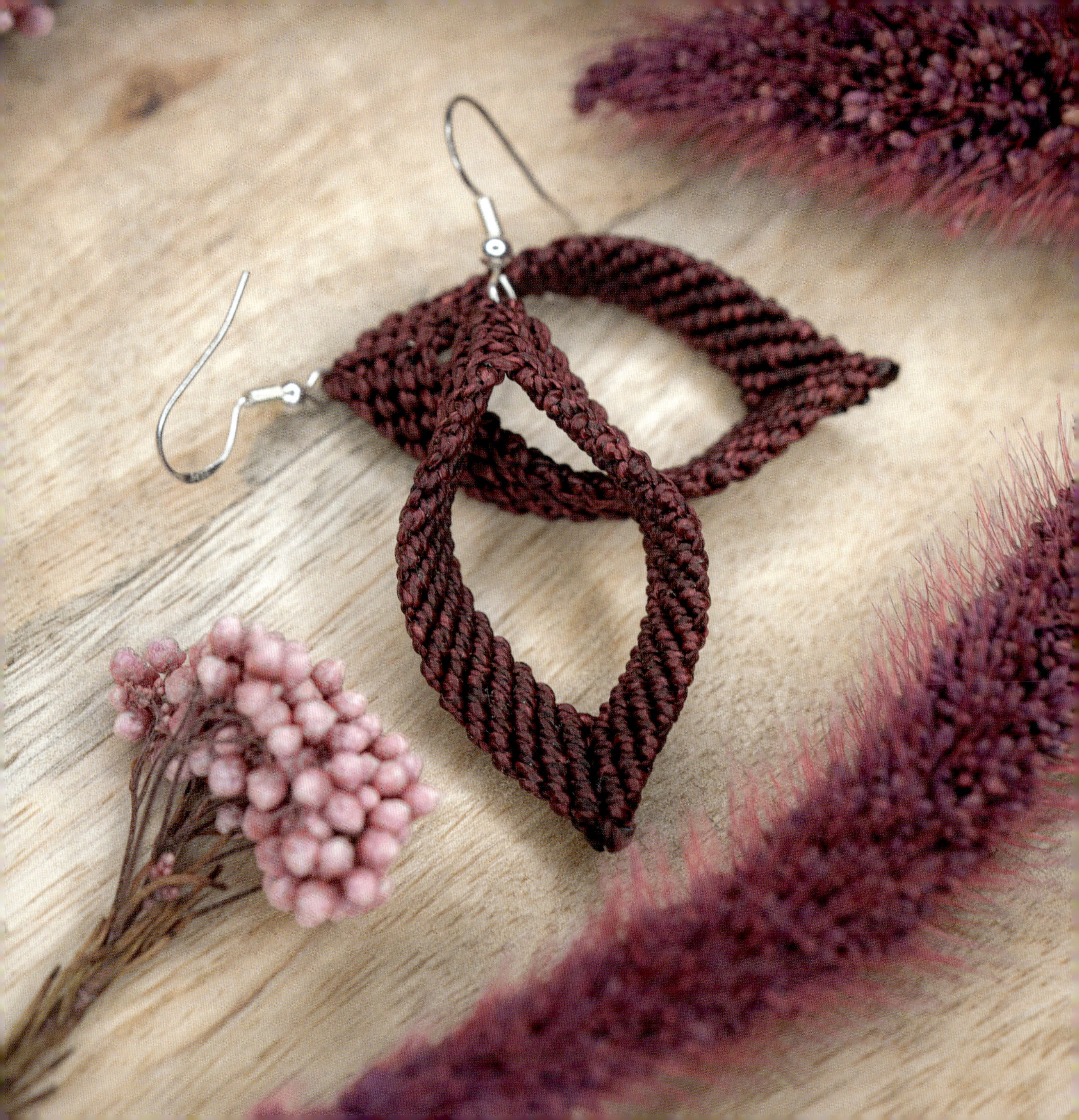

Projekt 11

Ohrhänger »Venus«

Feminin, kraftvoll und strahlend – das sind die Ohrhänger »Venus«.

Die sinnliche, ovale Form mit der leichten Drehung im Design symbolisiert zum einen Schönheit und Liebe, zum anderen aber auch Bewegung und Wandel.

Ob aufregend in knalligem Rot oder stilvoll elegant in dunkleren Tönen – dieser bezaubernde Ohrschmuck unterstreicht deine aufregende Weiblichkeit.

Tipp

Für die meisten Projekte spielt es keine Rolle, ob du gewachstes oder ungewachstes Garn nutzt. Für diese Ohrhänger empfehle ich dir jedoch ein gewachstes Garn. Wir knüpfen dieses Projekt ausschließlich im Rippenknoten. Gewachstes Garn sorgt dafür, dass die einzelnen Knoten stabil und fest bleiben und die Reihen gut aneinanderhaften. Der fertige Ohrhänger misst 6,5 cm x 2,5 cm.

Materialien

- 1 Paar Ohrhänger-Rohlinge
- ca. 9 m Mikro-Makramee-Garn

Ich nutze für diese Ohrhänger ein gedrehtes Garn in der Stärke 1 mm. Du kannst aber auch ein geflochtenes Garn verwenden. Beachte hierbei unbedingt meinen Tipp für dieses Projekt.

Zum Knüpfen empfehle ich dir ein Klemmbrett mit Pins, an welchem du dein Projekt befestigen kannst, sodass nichts verrutscht.

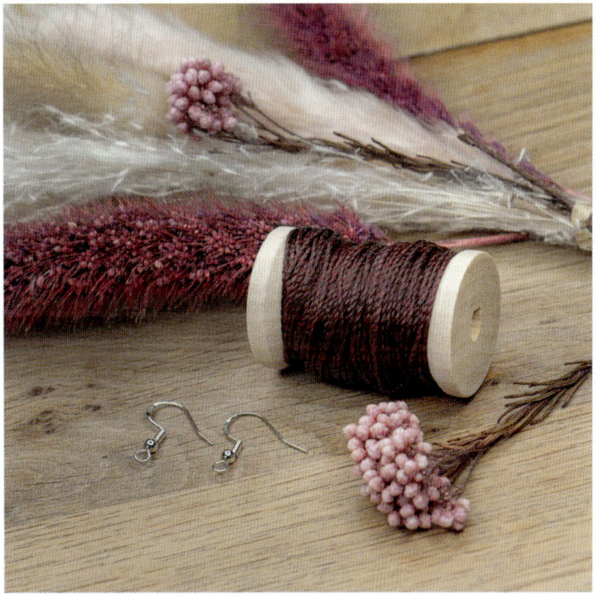

1 Schneide dir 6 Fäden mit einer Länge von jeweils 0,75 m zurecht und ziehe den ersten Faden so durch die Öse deines Ohrhängers, dass diese mittig auf dem Faden liegt. Fixiere das Projekt mit zwei Pins.

2 Nimm dir nun einen weiteren Faden, falte ihn doppelt und befestige die entstandene Schlaufe mittig unter der Öse mit dem ersten Faden.

Knüpfe mit der linken Seite des hinzugefügten Fadens einen Rippenknoten um den ersten Faden, der links aus der Öse herausführt.

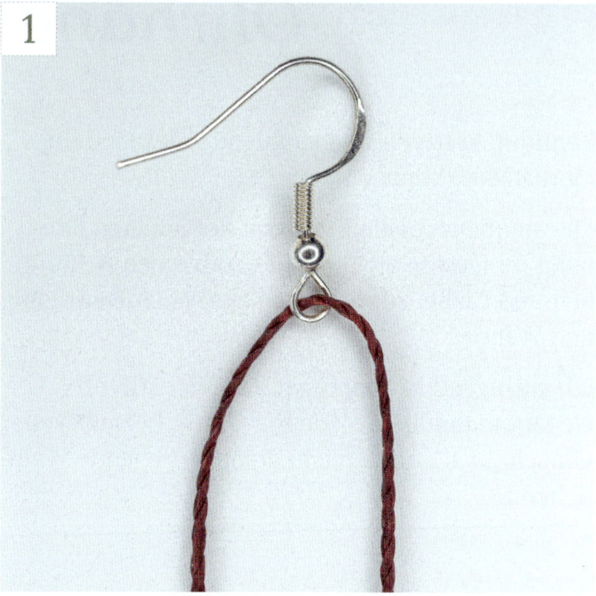

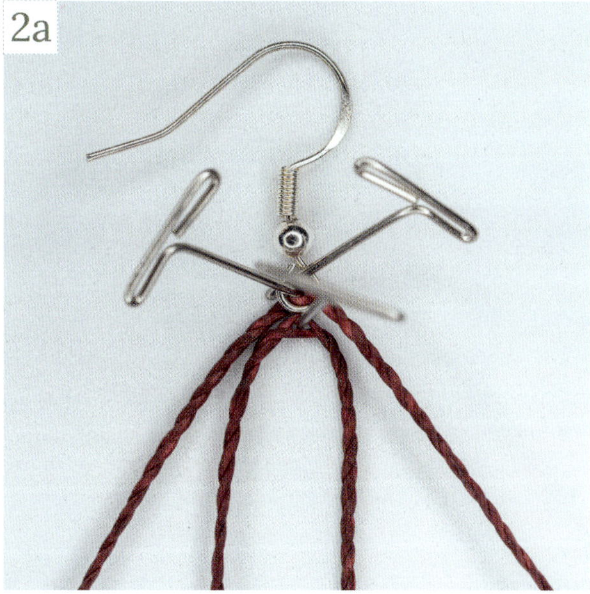

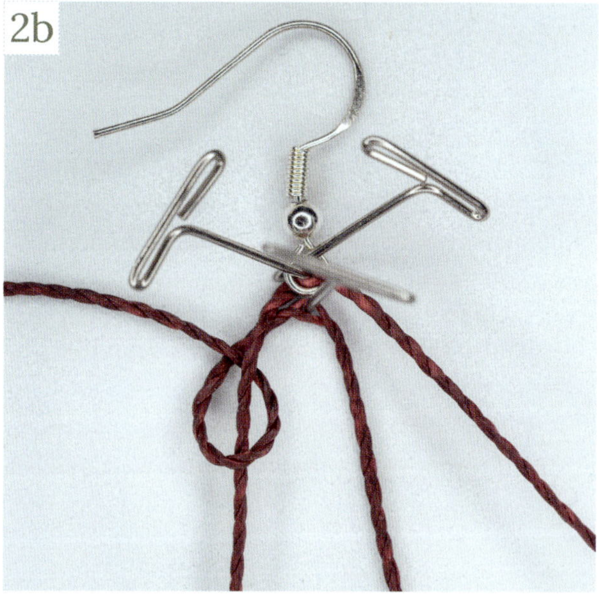

3

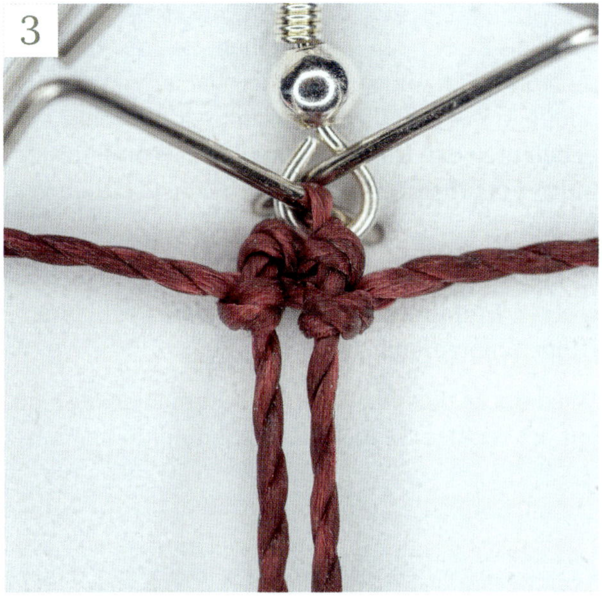

3 Knüpfe nun auch auf der rechten Seite mit dem hinzugefügten Faden einen Rippenknoten um den Faden, der durch den Ring führt.

4 Füge einen weiteren Faden hinzu. Falte auch diesen mittig und lege die dabei entstandene Schlaufe unter die beiden Rippenknoten. Knüpfe jeweils auf der rechten und der linken Seite einen Rippenknoten wie in Schritt 2 und 3 beschrieben.

Wiederhole Schritt 3 und 4 für die restlichen 3 Fäden.

4a

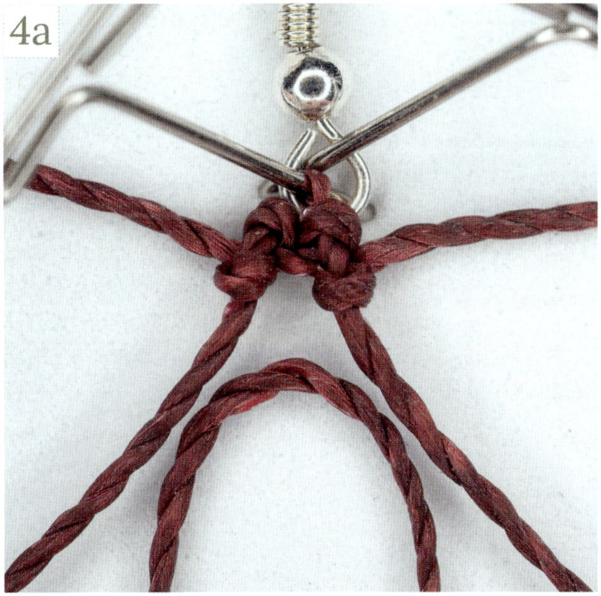

4b

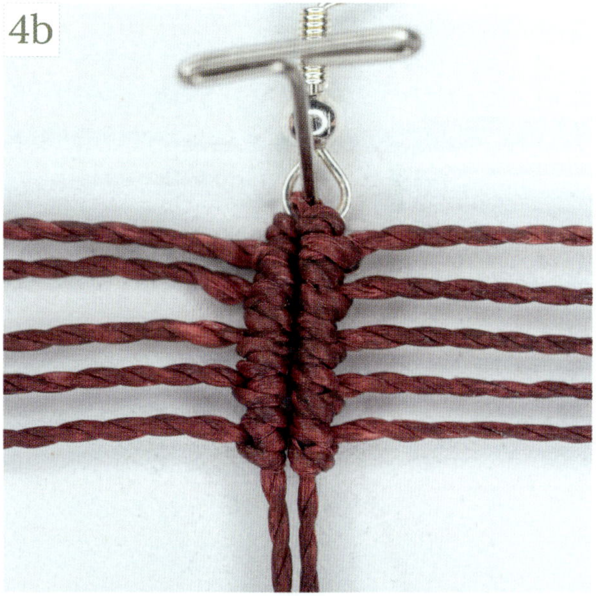

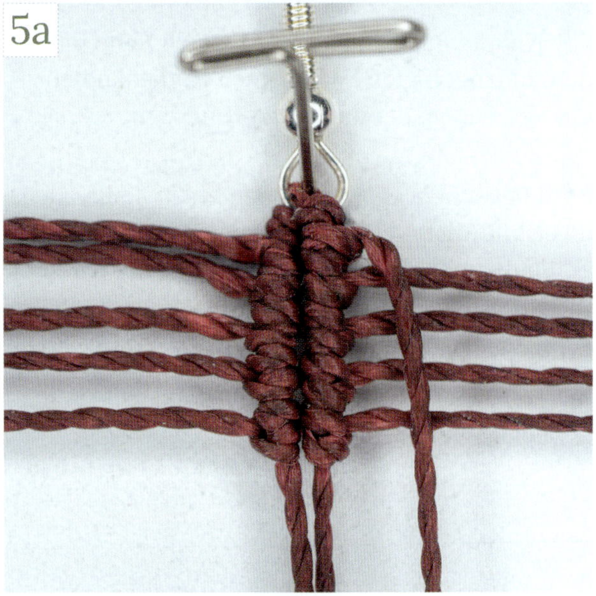

5 Knüpfe Rippenknotenreihen. Beginne auf der rechten Seite, nimm den ersten Faden von oben und lege ihn als Führfaden senkrecht nach unten neben die erste Reihe. Umknüpfe diesen Führfaden von oben beginnend mit allen 4 seitlichen Fäden.

Als letztes umknüpfe den Führfaden mit dem rechten Mittelfaden, der senkrecht aus der ersten Rippenknotenreihe herauskommt.

Wiederhole dies für weitere 13 Reihen, sodass du auf der rechten Seite 15 Rippenknotenreihen hast.

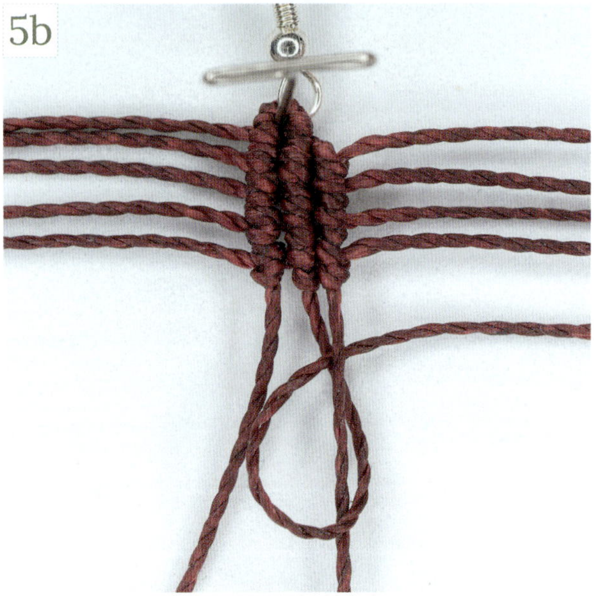

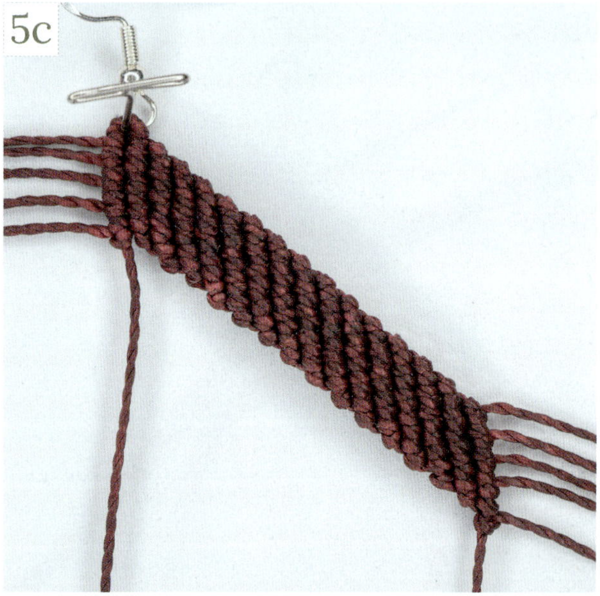

6 Wiederhole Schritt 5 auch auf der linken Seite und knüpfe auch hier bis auf insgesamt 15 Rippenknotenreihen herunter.

7 Falte die rechte Seite des Projekts nach innen hin zur Mitte und fixiere sie mit einem Pin.

8 Wiederhole Schritt 7 auch auf der linken Seite.

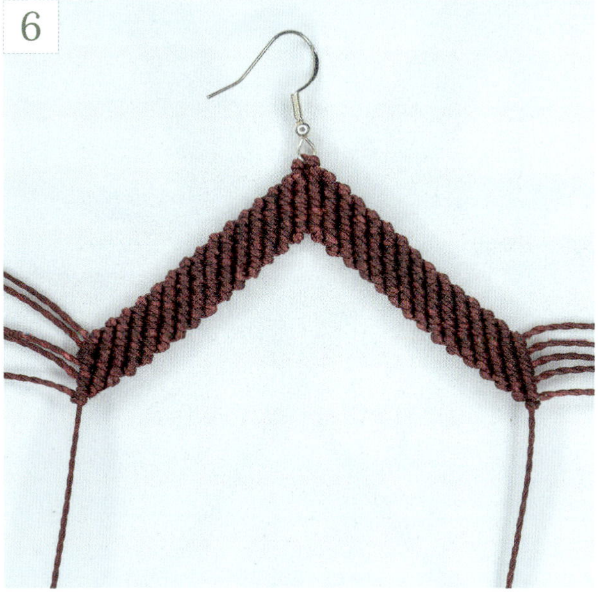

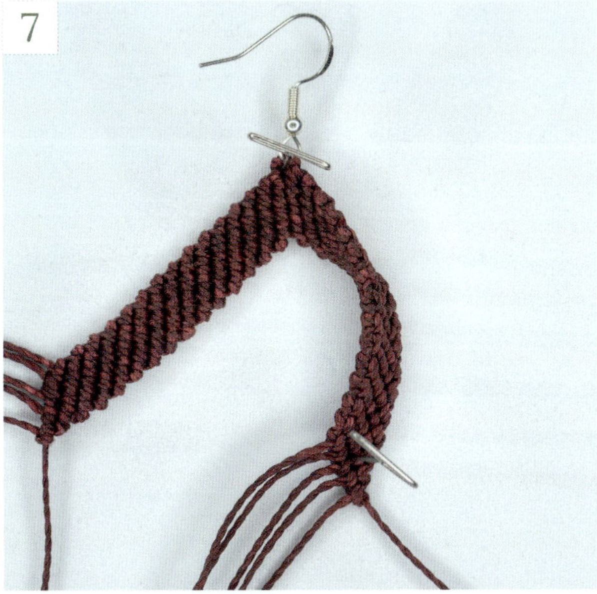

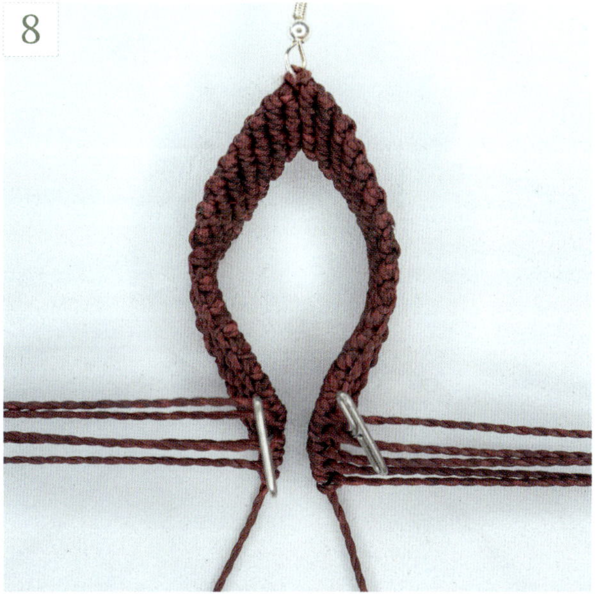

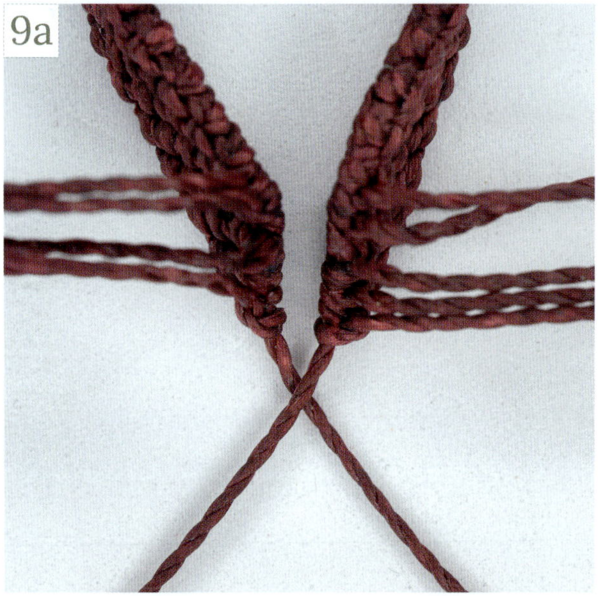

9a

9 Beide Seiten werden nun mittels Rippenknoten miteinander verbunden. Beginne mit den untersten Fäden. Der rechte Faden ist der Führfaden. Knüpfe mit dem linken um den rechten Faden einen Rippenknoten und ziehe diesen schön fest an.

Nimm dir nun die beiden nächstfolgenden Fäden darüber und verknüpfe diese auf dieselbe Art zum Rippenknoten miteinander.

Wiederhole diesen Schritt für alle weiteren Fäden. Der Ohrhänger ist nun verschlossen.

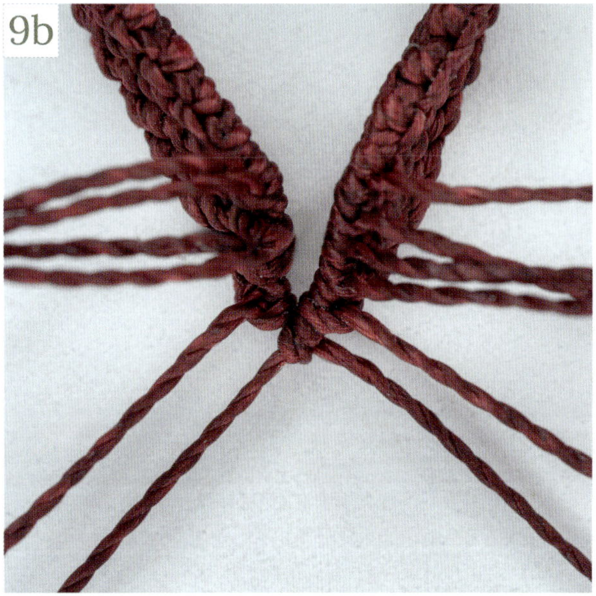

9b

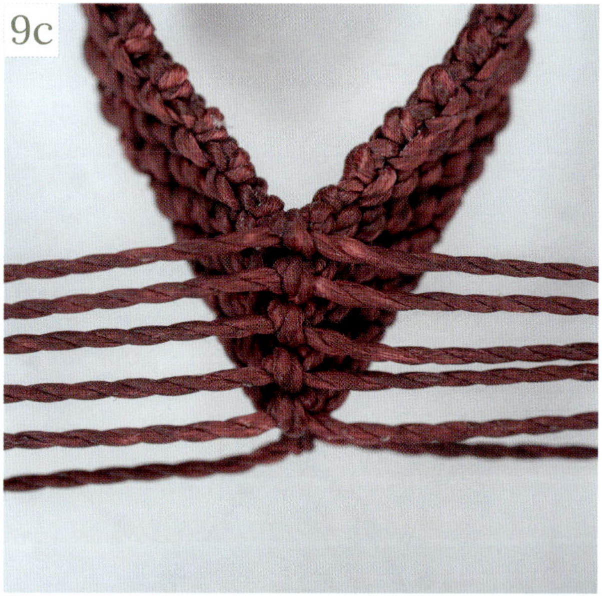

9c

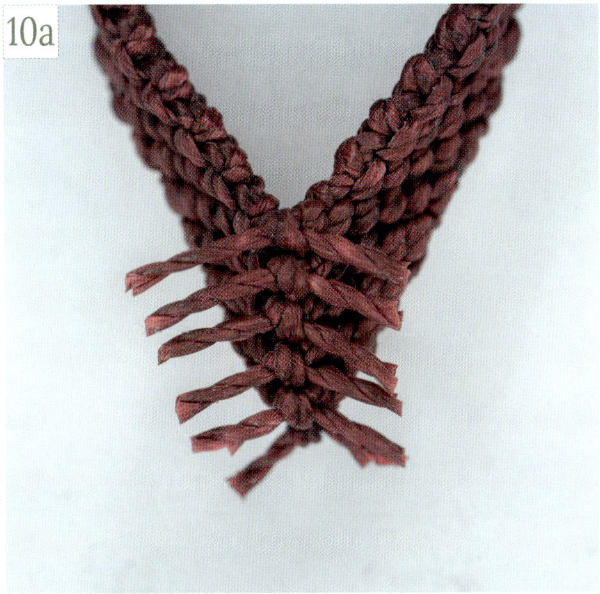

10 Kürze alle Fäden auf etwa 0,7 cm, brenne die Enden etwas an, sodass sie schmelzen, lege sie zur Seite um und drücke sie gut am Material fest.

Der erste Ohrhänger ist damit fertig. Du siehst ihn im Moment noch von der Rückseite. Drehe ihn einmal zur Vorderseite um.

11 Wiederhole die Schritte 1 bis 10 auch für den zweiten Ohrhänger.

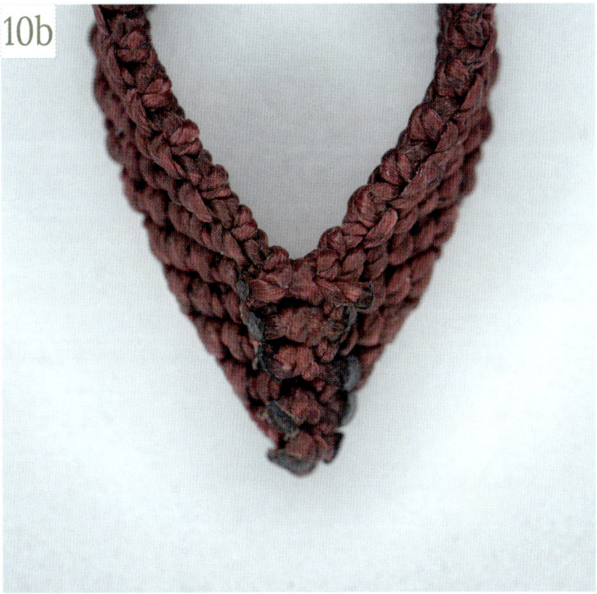

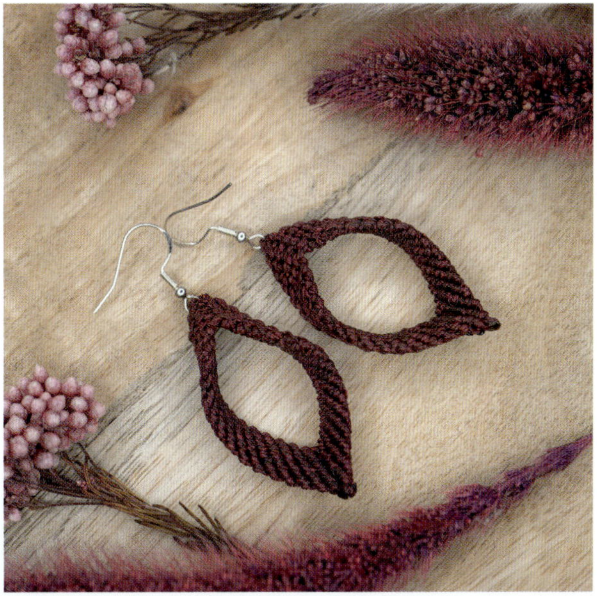

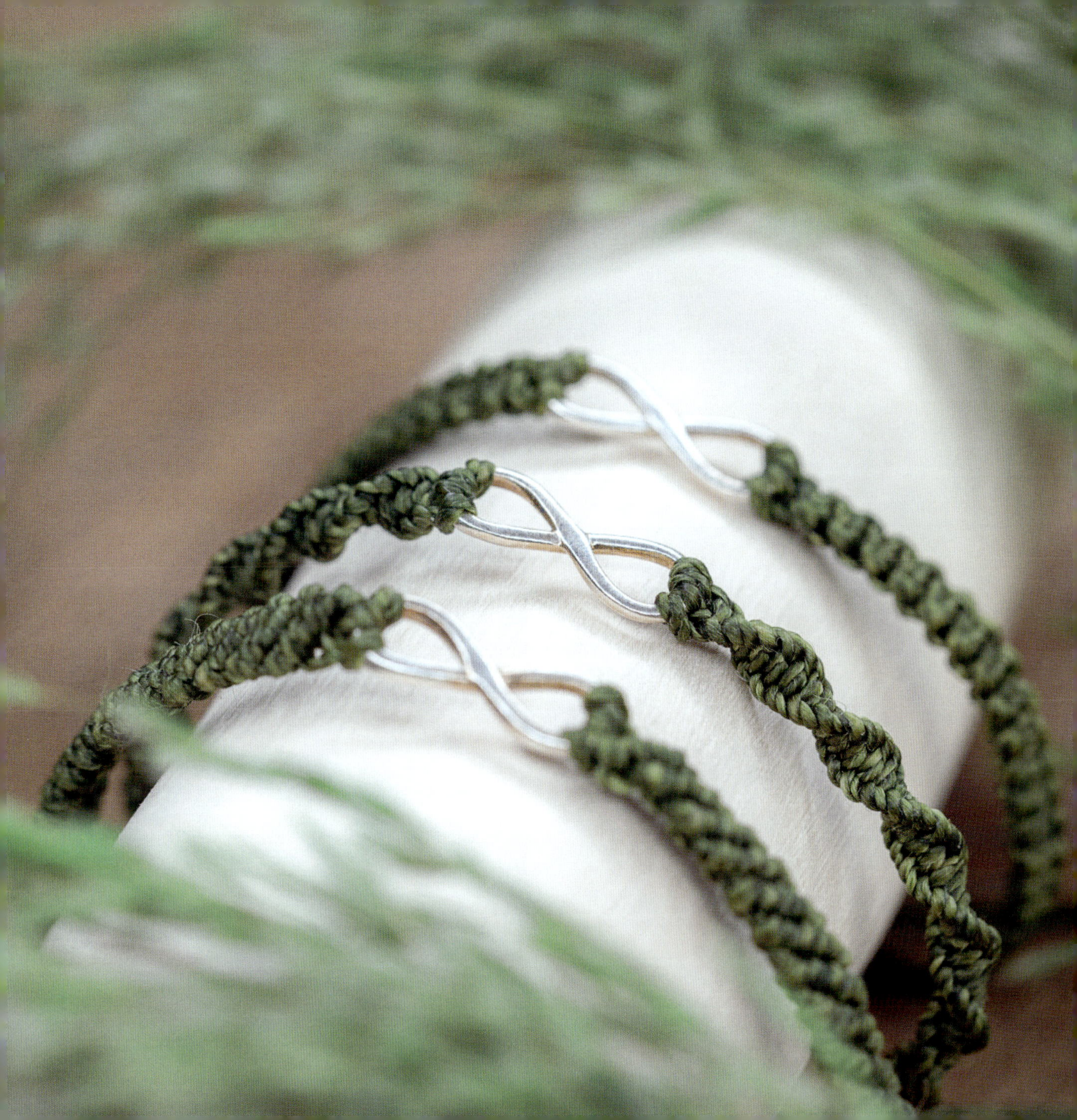

Projekt 12

Familienarmbänder »Endlose Liebe«

Familie – das bedeutet Liebe, Geborgenheit, Verbundenheit, Zusammenhalt, Unterstützung, Kraft – kurz gesagt: Die Familie ist das Gerüst unseres Lebens. Ein Band, was ewig verbindet und für immer hält. Und wie könnte man das schöner bekunden als mit einem Familienarmband? Ich zeige dir eine Variante sowohl für einen Mann als auch eine Variante für eine Frau und ein Kind. Du kannst so variieren, wie es in deine persönliche Familienstruktur passt.

Tipp

»Endlose Liebe« sollte auch endlose Freude bedeuten. Und damit du und deine Liebsten möglichst lange Freude an diesen Familienarmbändern haben, solltest du dich bei den Verbindern unbedingt für Echtschmuck entscheiden.

Materialien für 1 Armband

- 1 Verbinder »Unendlichkeit/Infinity«
- ca. 3 m-4,30 m Mikro-Makramee-Garn (je nach Armband-Variation)
- optional 4 Perlen (Größe 4 mm)

Ich nutze für diese Armbänder ein gedrehtes Garn in der Stärke 1 mm. Du kannst aber auch ein geflochtenes Garn verwenden.

Zum Knüpfen empfehle ich dir einen Armband-Maker.

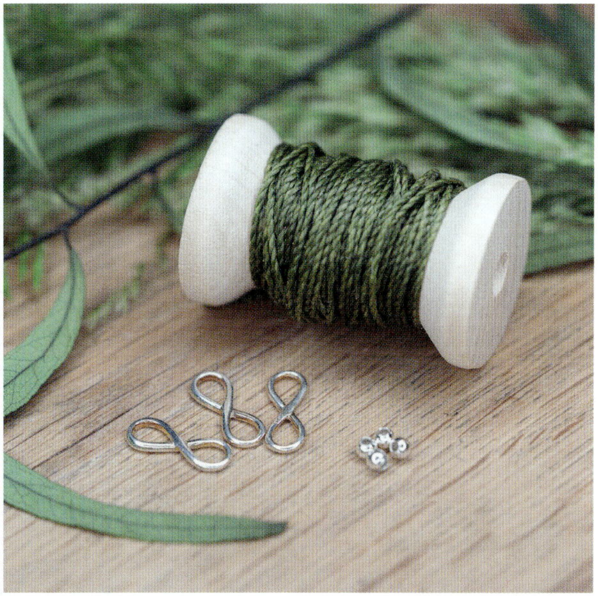

1 Vorbereitung alle Varianten

Du benötigst für jedes Armband 4 Fäden, die du an deinem Verbinder im Ankerknoten befestigst. In der Variante für Männer/Frauen nimmst du die Fäden dabei jeweils doppelt.

Für das Männerarmband benötigst du 4 Fäden in der Länge von je 1 m, für das Frauenarmband sind es 4 Fäden in der Länge von je 0,70 m und in der Variante für Kinder sind es jeweils 0,60 m.

2 Varianten

Variante für Männer

Knüpfe auf jeder Seite für etwa 7 cm im Rippenknotenmuster.

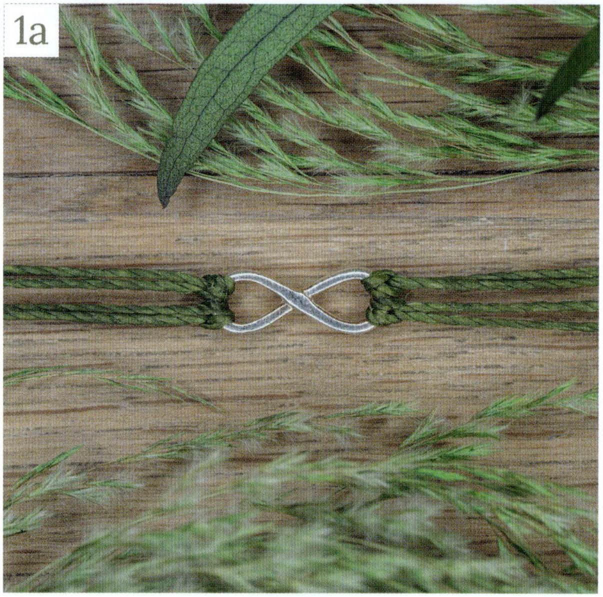
1a

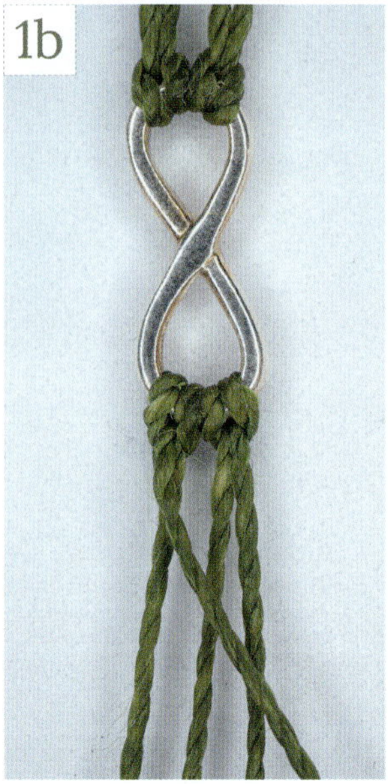
1b

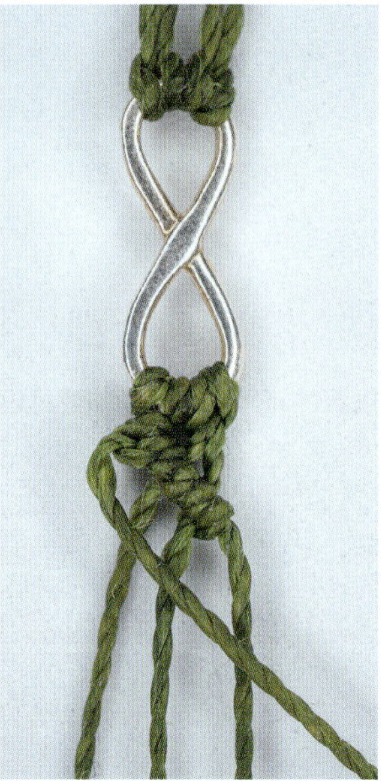

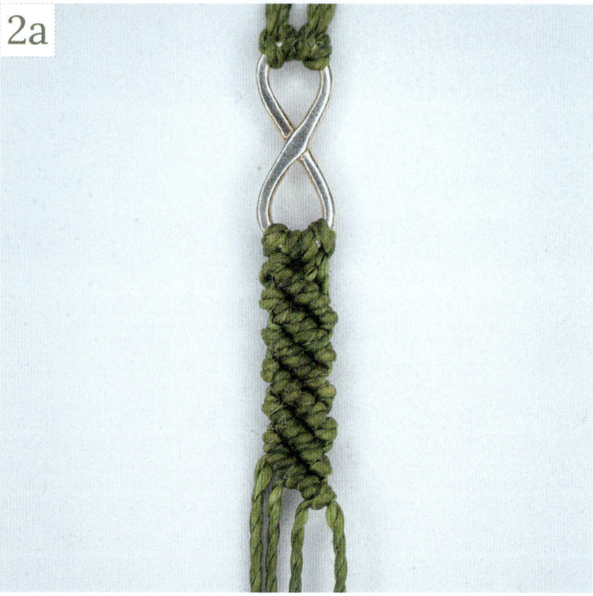
2a

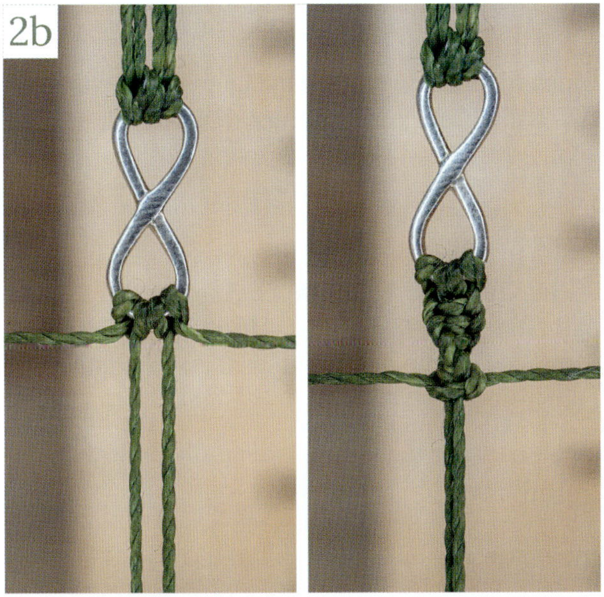
2b

Variante für Frauen

Knüpfe auf jeder Seite für etwa 6,5 cm im Spiralmuster (Abbildung 2b und 2c).

Variante für Kinder

Befestige die Fäden mittels Ankerknoten so an deinem Verbinder, dass die jeweils inneren Fäden 0,20 m lang sind und die jeweils äußeren Fadenenden 0,40 m.

Knüpfe für 5,0 cm im Kreuzknotenmuster (Abbildung 2d).

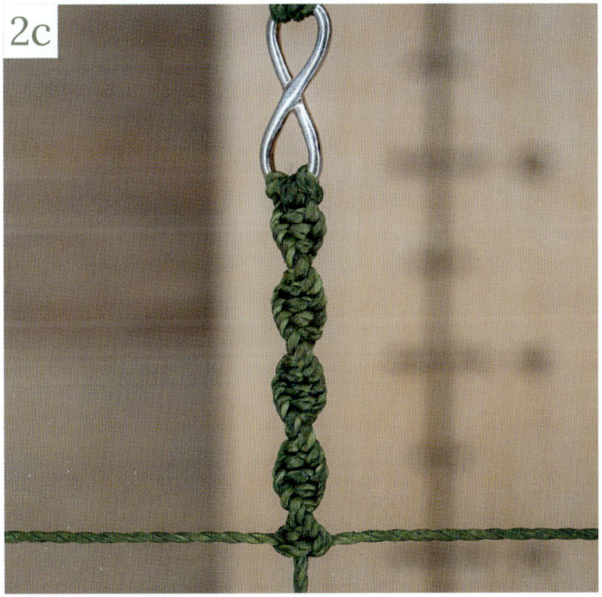
2c

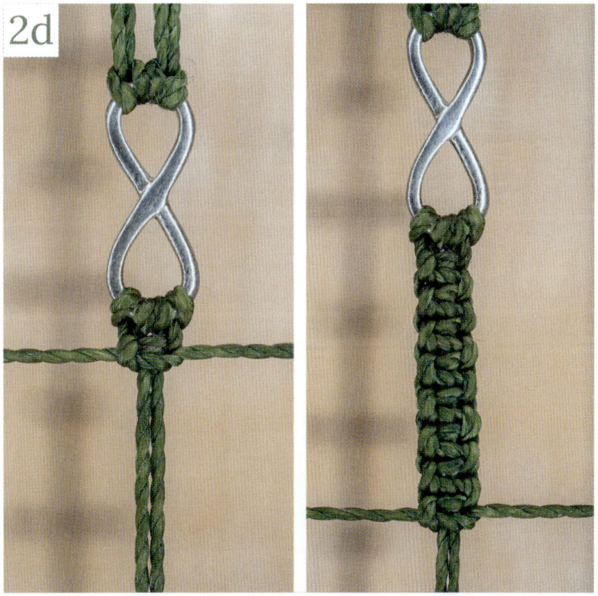
2d

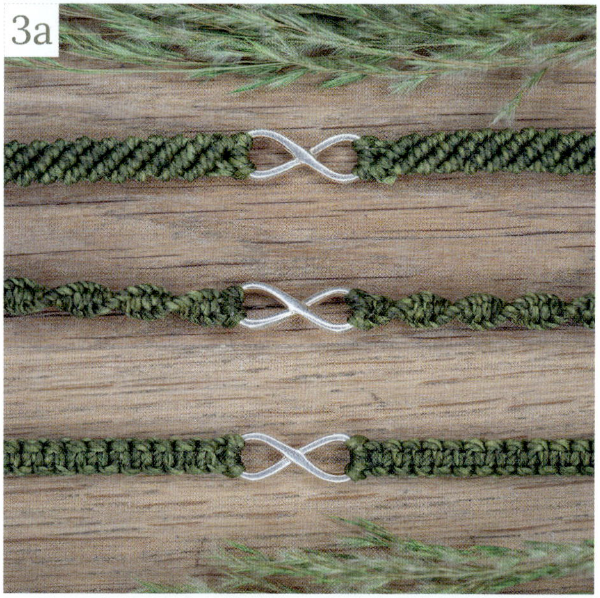

3 Die jeweiligen Angaben für die Länge der Muster kannst du natürlich anpassen. Wenn dein Armband größer oder kleiner werden soll, knüpfe etwas mehr bzw. etwas weniger im Muster.

Der Abschluss der Armbänder ist für alle 3 Varianten derselbe.

Forme dein geknüpftes Stück zu einem Kreis und fertige den Verschluss. Hierfür benötigst du jeweils einen zusätzlichen, ca. 0,30 m langen Faden.

Schaue dir für die Fertigstellung die Schritte 6 bis 8 aus Projekt 1 »Südseetraum« an.

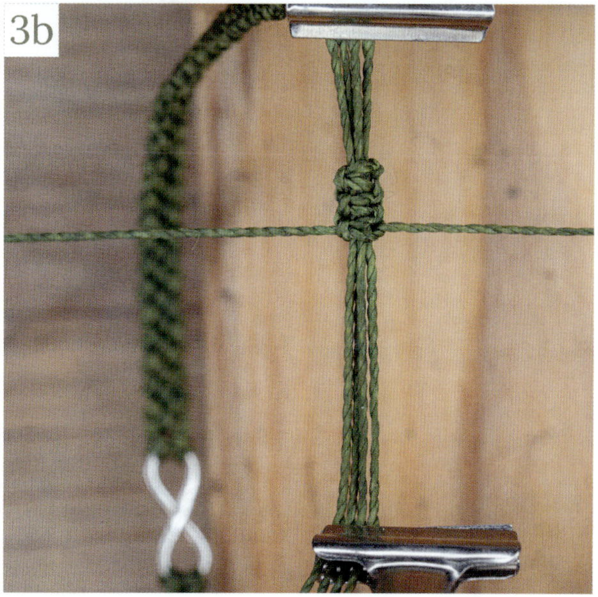

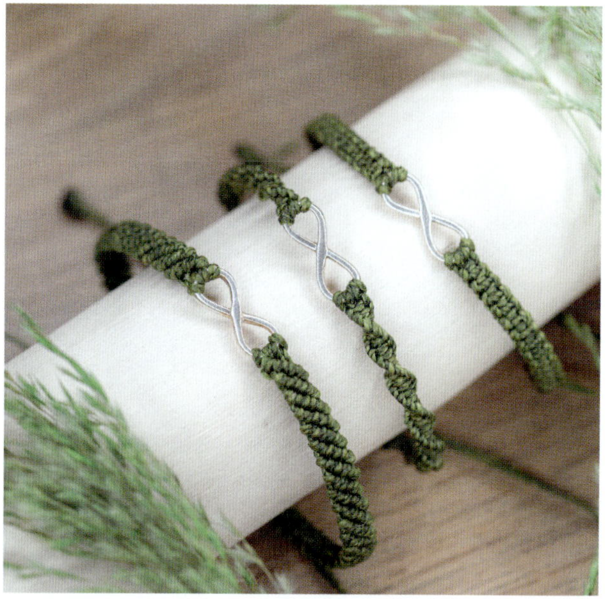